Tableau noir
Résister à la privatisation de l'enseignement

Tableau noir

Résister à la privatisation de l'enseignement

Gérard de Sélys & Nico Hirtt

EPO

Septième réimpression
Nouvelle édition actualisée 2003

Couverture: Jan Depover
Illustration: Philippe Geluck
Photocomposition: EPO
Impression: EPO [03/0013J]

20A rue Houzeau de Lehaie
1080 Bruxelles – Belgique
Tél: 32 (0)2/414.29.88
Fax: 32 (02)/414.92.24
Email: editions@epo.be

Lange Pastoorstraat 25-27
2600 Anvers – Belgique
Tél: 32 (0)3/239.68.74
Fax: 32 (0)3/218.46.04

ISBN 2 87262 134 2
D 1998/2204/20

Mots-clés:
Enseignement, privatisation, flexibilité, patronat, OCDE, Commission européenne, ERT, rapports de classes, marché, crise.

Sommaire

L'éducation doit viser au plein épanouissement de la personnalité humaine et au renforcement du respect des droits de l'homme et des libertés fondamentales. Elle doit favoriser la compréhension, la tolérance et l'amitié entre toutes les nations...

«Déclaration universelle des droits de l'homme»,
Nations Unies, 10 décembre 1948

L'éducation doit viser à favoriser l'épanouissement de la personnalité de l'enfant, le développement de ses dons et de ses aptitudes mentales et physiques dans toute la mesure de ses potentialités.

«Convention relative aux droits de l'enfant», UNICEF

Le terme «discrimination» comprend toute distinction, exclusion, limitation ou préférence qui, fondée sur la race, la couleur, le sexe, la langue, la religion, l'opinion politique ou toute autre opinion, l'origine nationale ou sociale, la condition économique ou la naissance, a pour objet ou pour effet de détruire ou d'altérer l'égalité de traitement en matière d'enseignement et, notamment:

- *d'écarter une personne ou un groupe de l'accès aux divers types ou degrés d'enseignement;*
- *de limiter à un niveau inférieur l'éducation d'une personne ou d'un groupe;*
- *d'instituer ou de maintenir des systèmes ou des établissements d'enseignement séparés pour des personnes ou des groupes.*

«Convention concernant la lutte contre la discrimination dans le domaine de l'enseignement»,
UNICEF, 22 mai 1962

En 1960, le Crédit instructionnel ne comptait pas moins de 157.342 élèves, auxquels on infusait la science par des moyens mécaniques.
Nous avouerons que l'étude des belles lettres, des langues anciennes (le français compris) se trouvait alors à peu près sacrifiée; le latin et le grec étaient des langues non seulement mortes, mais enterrées; il existait encore, pour la forme, quelques classes de lettres, mal suivies, peu considérables, et encore moins considérées. Les dictionnaires, les gradus, les grammaires, les choix de thèmes et de versions, les auteurs classiques, toute la bouquinerie des De Viris, *des Quinte-Curce, des Salluste, des Tite-Live, pourrissaient tranquillement...*

Jules Verne, «Paris au XXe siècle», 1875

Certains travaillent – même si ça ne dure jamais très longtemps. On a une ligne telmat. Les femmes font de la téléprésence pour des entreprises chinoises. On est parmi les opérateurs les moins chers du monde». (...) Chan hocha la tête. Quelques secondes plus tôt, il avait vu une école surgir dans la lumière des phares. Transformée en garage. Depuis les grandes privatisations de soixante-dix l'enseignement ne relevait plus de l'administration fédérale, mais des Puissances spécialisées (Microsoft et Primus). Une ville comme Grandval n'avait pas les moyens de s'offrir leurs services.

Serge Lehman, «Tonnerre lointain», 1997

Alerte!

Ce livre révèle comment la classe des riches
compte faire de nous
des robots
à sa totale sujétion.
Comment cette classe,
ivre d'argent et du pouvoir qu'elle achète,
veut faire des peuples du monde entier,
des serfs
tels que n'en auraient pas rêvé les seigneurs de jadis,
des esclaves
tels que n'en a jamais connu l'histoire humaine.
Ce livre dit comment cette caste veut s'approprier la connaissance
et la faire disparaître par pans entiers.
Il dit comment elle veut nous voler notre histoire,
l'histoire de nos parents,
de nos grands-parents
et nous seriner son histoire à elle,
histoire à mourir debout,
à mourir assis,
à crever à genoux.
Tout au long de nos vies.
Des histoires de gros sous.
Qu'elle veut nous obliger à amasser pour elle.
Après avoir pris nos bras,
elle veut nous voler la tête.
Ce livre doit être diffusé.
Traduit.

Il doit passer de main en main.
Vite.
Il appelle à la résistance, à la mobilisation, au soulèvement.

Avertissement

On pourrait être étonné de trouver régulièrement, dans cet ouvrage, le mot «riches» plutôt que «patrons», «possédants», «industriels», «puissants» ou «décideurs». C'est, tout simplement, que les patrons et propriétaires* des grandes firmes multinationales dont nous parlons dans ce livre, sont riches. Et ils veulent le rester ou le devenir plus encore. Nous faisons allusion à des gens comme Bill Gates, le patron de Microsoft, dont la fortune personnelle dépasse le revenu total de soixante millions d'Africains. Nous parlons des vingt-cinq personnes les plus riches des Etats-Unis qui, à elles seules, possèdent plus que le revenu annuel d'un demi-milliard de femmes, d'hommes et d'enfants. Nous refusons le procédé qui consiste à édulcorer la réalité en ayant systématiquement recours à des euphémismes. Aveugle devient ainsi «mal-voyant», sourd, «mal-entendant», vieux, «personne du troisième âge», guerre, «intervention», licenciement, «restructuration», sans-abri, «sans domicile fixe», pauvre, «démuni, défavorisé ou indigent», etc.
Donc, pour nous, riche égale riche.

Que les choses soient claires: il sera question dans ce livre de nouvelles technologies*. Les auteurs ne sont pas opposés à leur usage dans l'enseignement. Au contraire, ils sont délibérément en faveur de celles-ci dans la mesure où elles peuvent contribuer à l'amélioration et à la démocratisation de l'école. Mais ils sont fermement opposés à la stratégie, actuellement élaborée et appliquée, qui vise à utiliser ces nouvelles technologies pour soumettre entièrement l'enseignement aux exigences des patrons et le privatiser par pans entiers.

Vous disposez d'un «glossaire» en fin d'ouvrage. Ce glossaire explique, à notre manière, des mots, des locutions et des concepts souvent utilisés par les riches et dans les médias, sans explication mais dans le but bien déterminé de nous tromper. Ces mots sont flanqués d'un astérisque (*) dans le texte. Exemple de mot: phénomène. On parle beaucoup de phénomène aujourd'hui. Le chômage, la pauvreté, la mondialisation* sont qualifiés de «phénomènes». Tout comme les tremblements de terre, les raz-de-marée et les ouragans qui sont des phénomènes naturels contre lesquels l'homme ne peut rien sinon tenter de se protéger et compter les morts. A phénomène, s'il s'agit de parler d'économie et de social, nous préférons le mot processus. Parce qu'un processus est voulu et initié par l'homme. Ce ne sont ni les vents, ni la mer, ni aucun élément naturel mais bien les riches qui provoquent la pauvreté et le chômage. Rien ni personne d'autre. Ils tentent de détourner notre attention en parlant de «phénomènes». Comme les pickpockets détournent l'attention de leurs victimes.
L'économie n'est pas un phénomène non plus. C'est un système élaboré par des hommes. L'économie dite «de marché*», dans laquelle la plupart d'entre nous évoluent aujourd'hui, n'est pas la seule économie possible. Loin de là. C'est même la pire. Celle qu'imposent les riches pour s'enrichir davantage.

1
Familiale

Dans un coin de la salle de séjour, depuis l'aube, la mère dactylographie à la hâte la traduction d'un nouveau dépliant publicitaire sur son ordinateur. Elle doit impérativement envoyer la version définitive par Internet à son client avant minuit. Il l'a prévenue qu'il n'accepterait plus aucun retard et qu'il n'avait que l'embarras du choix pour trouver d'autres traducteurs à domicile.

Le père, lui, s'est installé un coin travail dans le garage. De toute manière, ils n'ont plus de voiture. Il répond laborieusement aux questions que lui pose un didacticiel. Le scintillement de l'écran lui pique les yeux. Quand sa réponse est correcte, son ordinateur émet un «hourra» métallique. Quand elle est mauvaise, il pousse un «coin-coin» de canard enrhumé. Le père doit apprendre une nouvelle méthode comptable pour son entreprise. Autrefois, il recevait ses formations à son travail. Maintenant, il est obligé de se former lui-même, chez lui, pendant ses heures de loisirs et à ses frais.

Le fils est dans la chambre qu'il partage avec sa petite sœur. Celle-ci est encore à l'école primaire. Lui, il ne va à l'école que le matin. L'après-midi, il le passe sur son ordinateur à apprendre les langues, les maths et l'électronique. Ses parents l'ont inscrit à plusieurs cours à distance. Ca coûte cher, lui ont-ils dit, mais ça t'évitera le chômage. La radio l'a encore dit à midi, un tiers des jeunes et un quart des adultes ne trouvent pas de travail. Le fils ne reçoit pas de bulletin et n'aura pas de diplôme. Les fournisseurs de cours ajoutent des points sur sa «Carte de compétences», au gré de ses progrès. Le jour où il cherchera un travail, il lui suffira de glisser sa carte dans son ordinateur et de se connecter à un serveur* «offres d'emploi». Si ses compétences correspondent à ce que cherche un employeur, il sera peut-être engagé.

La mère n'a pas de contrat de travail*. Elle est indépendante depuis quinze ans. Son dernier employeur lui avait alors proposé de travailler chez elle pour «aménager son temps de travail à sa guise». Elle avait accepté et s'en mord les doigts. Elle travaille au moins dix heures par jour et, souvent, le week-end. Elle doit payer son équipement, son chauffage, son électricité et ses communications. Ca lui mange une grande partie de ses revenus.

La famille tout entière consacre le quart de son budget à l'achat de matériel, aux communications Internet et au paiement de cours à distance.

La mère n'a plus de collègues et ne voit plus ses amis depuis longtemps. Elle n'a plus le temps.
Le père a abandonné ses activités de syndicaliste.
Le fils n'a pas de copains. Il a une amie. Il ne l'a jamais vue. Ils se sont connus en jouant sur Internet.

2
Guerre

Jamais les banques n'ont fait de tels bénéfices. Jamais les grandes firmes multinationales n'ont fait de tels profits*. Pourtant, c'est la crise. Depuis 1973, le monde occidental est plongé dans une crise économique comme il n'en avait jamais connu auparavant. Le nombre de chômeurs s'accroît sans cesse. De plus en plus d'entreprises font faillite et disparaissent. Cela peut paraître étonnant mais plantureux bénéfices et crise n'ont rien de contradictoire. En période de crise économique, les entreprises éprouvent du mal à vendre ce qu'elles produisent. Elles se lancent alors dans une concurrence* acharnée. En un quart de siècle, cette concurrence entre les grands pôles industriels mondiaux, l'Asie du Sud-Est, l'Amérique du Nord et l'Europe, s'est muée en véritable guerre concurrentielle. Or, pour mener une guerre, il faut des munitions. En matière de guerre commerciale, les munitions c'est l'argent. Il faut de l'argent, et beaucoup, pour éliminer ses concurrents, prendre leur marché, ou établir des alliances. C'est pourquoi les entreprises réduisent leurs frais au minimum et gonflent leurs bénéfices au maximum. Mais plus la crise s'aggrave, plus la guerre concurrentielle s'exacerbe. Il faut donc plus d'argent encore. Il faut trouver de nouveaux gisements financiers, de nouvelles ressources.

Tout comme le monde capitaliste avait lancé, à la fin du XIXe siècle, la grande vague de colonisations pour sortir de la crise amorcée en 1873. En moins de vingt ans, les nations riches du Nord avaient alors fait main basse sur quatre-vingts pour cent des terres émergées du globe. Les nations riches s'étaient ainsi créé de nouveaux marchés pour écouler les produits qu'elles ne parvenaient plus à vendre. Et, surtout, elles faisaient main basse sur d'immenses richesses et sur des centaines de millions d'individus qu'elles obligeaient à se convertir en main-d'œuvre pratiquement gratuite.

Au début des années quatre-vingt, les patronats occidentaux et leurs «experts*» de l'OCDE, du FMI, de la Banque Mondiale et de la Commission européenne «découvrent» deux nouveaux gisements financiers: les ressources financières des Etats et les services publics*. Ce ne sont rien d'autre que de nouvelles colonies. Il ne faudra plus les conquérir outre-mer et les armes à la main. Il suffira d'élaborer une bonne stratégie et de développer beaucoup de propagande.

Il s'agit de mettre la main sur les ressources financières des Etats au seul profit du privé. On opère donc des coupes sombres dans les secteurs de la santé, de la sécurité sociale, des pensions et de l'enseignement en même temps qu'on augmente impôts et taxes. L'argent récupéré dote directement les entreprises privées d'importantes quantités de «munitions». Quant aux services publics, on les brade à bas prix au secteur privé qui pourra empocher leurs bénéfices parfois plantureux. Le secteur public le plus rentable à l'époque, ce sont les téléphones (7% de croissance* annuelle contre 2% pour la construction automobile, par exemple, en 1985). ERT, OCDE, FMI et Banque mondiale mettent donc tout en œuvre pour contraindre (dans le tiers-monde) ou «convaincre» (au Nord) les gouvernements de céder leurs services publics de télécommunications au secteur privé, c'est-à-dire aux industriels, c'est-à-dire aux riches.

C'est tout bénéfice. La guerre concurrentielle internationale accroissant considérablement les communications internationales des grandes entreprises, celles-ci, une fois devenues propriétaires des entreprises de téléphone, peuvent réduire les tarifs internationaux qu'elles pratiquent pour elles-mêmes... tout en augmentant les tarifs des communications locales, payées par les utilisateurs individuels, pour sauvegarder leurs bénéfices. Grâce à cette réduction générale des tarifs internationaux, elles peuvent en plus développer considérablement la pratique de la sous-traitance* et de la délocalisation* dans les pays à bas salaires. Enfin, comme ces entreprises, désormais propriétaires des compagnies de téléphones, sont aussi productrices de matériel électronique (ordinateurs, logiciels, modems*, fax), elles peuvent doper et étendre considérablement leur marché d'équipement. On le voit, tout profit. Mais, la «crise», c'est-à-dire la guerre concurrentielle, s'éternisant, cela ne suffit pas. Il faut de nouvelles munitions. C'est-à-dire plus d'argent encore.

Il convient de continuer à réduire les dépenses des Etats consacrées au plus grand nombre, nous. Et il convient d'augmenter les largesses des Etats en faveur des industriels, les riches. Il faut donc étendre encore les privatisations. On privatise alors les chemins de fer, les compagnies aériennes, les services postaux, les radios et télévisions publiques, la distribution d'eau, la collecte d'immondices et même les prisons, et même la perception de l'impôt.[1] Une véritable razzia que nul n'aurait pu imaginer il y a vingt ans à peine. Mais cela ne suffit pas. Il en faut encore plus. Les patrons se mettent à la recherche de nouvelles «poches d'emplois» publics à réduire et de nouveaux secteurs générateurs de super-profits. Et ils découvrent un véritable Eldorado: l'enseignement.

3
Armes

A la fin de la Seconde Guerre mondiale, et les années suivantes, les dirigeants politiques et industriels des pays occidentaux les plus riches ont créé plusieurs organisations internationales, publiques ou privées.

Officiellement, on expliqua la création des grandes organisations publiques telles que l'ONU (Organisation des Nations Unies), le FMI (Fonds Monétaire International), la Banque Mondiale, l'OCDE (Organisation de Coopération et de Développement Économiques), la CEE (Communauté Économique Européenne) qui deviendra l'UE (Union européenne) par la nécessité de sauvegarder la paix mondiale et de contrôler suffisamment l'économie pour ne plus connaître de drames sociaux tels que ceux des années trente qui avaient, disait on, mené à la guerre. Officieusement, il s'agissait de reconstruire, sous contrôle, l'économie détruite des pays ravagés par la guerre, de contrôler le repartage du monde et d'empêcher les populations, révoltées par le carnage, d'imposer un système économique et social qui mette l'humain en première place. Plus récemment, le premier janvier 1995, a été mise sur pied l'OMC (Organisation Mondiale du Commerce) dont l'objectif ouvert est de transformer le monde entier en un gigantesque marché, y compris un marché d'esclaves modernes.

La création des grandes organisations privées, elle, ne fut expliquée ni officiellement ni officieusement. Elle fut tenue secrète pendant de longues années. La LECE (Ligue Européenne de Coopération Économique) réunit ainsi dans l'ombre plusieurs centaines d'industriels et de banquiers européens dès 1947. La Trilatérale regroupe, très confidentiellement, les principaux dirigeants politiques et industriels des trois principaux pôles du monde occidental (Etats-Unis, Europe, Japon) dans les années soixante. L'ERT (Table Ronde Européenne des Industriels) est fondée en 1983 par une quarantaine de grands patrons européens dans le but secret, mais avoué, de devenir le principal centre de décision du continent européen. Aux Etats-Unis et au Japon, des groupes analogues se mettent en place en même temps et dans le même but.

Les grandes organisations internationales publiques et les organisations privées se sont vite organisées pour piller le monde au seul profit des plus riches... et au profit de leurs Etats respectifs. Rien de plus logique, puisque ces organisations ont été mises sur pied par les mêmes personnes mues par les mêmes objectifs. Les riches ont en effet besoin d'un Etat pour faire la guerre dans leur intérêt. Pour collecter l'impôt et percevoir les taxes à leur profit. Pour réprimer les révoltes que provoquent leurs exactions. Pour édicter leurs lois. Pour répandre leurs mensonges et leur propagande qu'ils appellent «information*».

On l'ignore, ces organisations élaborent de véritables plans de bataille pour renforcer et enrichir plus encore la classe des riches. Ainsi, à l'abri des murs de leurs bureaux ou de leurs salons, elles ont élaboré les plans de privatisation* qui leur ont déjà permis de mettre la main sur des milliers d'usines et de services publics, précipitant des peuples entiers dans la misère et le chômage. Mais les riches en veulent plus. Plus encore. Et c'est la raison pour laquelle ils veulent s'en prendre aujourd'hui à l'enseignement. Ils veulent détruire l'enseignement public et imposer l'enseignement privé. Un enseignement-marchandise qu'ils puissent vendre. Dans le monde entier.

C'est que les riches veulent devenir plus riches encore et leurs armes sont, entre autres, des organisations telles que l'OMC, l'OCDE, le FMI et la Commission des Communautés européennes*.

4
Preuves

Maintenant, il est important que vous disposiez des preuves de ce que vous avez lu jusqu'ici. Ce sont, présentés de manière chronologique depuis 1989, des extraits de textes montrant la manière dont les riches ont élaboré leur stratégie de privatisation de l'enseignement.

Ils rédigent ou font rédiger par leurs employés des textes présentés sous forme de «rapports». Ces rapports sont en réalité les instructions qu'ils donnent à leurs «amis» politiques. Ils attendent que ces «amis» appliquent ces instructions à la lettre. Parce qu'il faut que ce soient des gouvernements «démocratiques» qui s'en chargent. C'est mieux de faire croire que les décisions sont prises par des «représentants du peuple démocratiquement élus». Si ces représentants prennent de mauvaises décisions, nous, électeurs, n'avons qu'à nous en prendre à nous-mêmes. Et le tour est joué.

Ils convoquent alors leurs «amis» politiques à des réunions, qu'ils appellent «séminaires» ou «colloques» pour leur expliquer exactement ce qu'ils attendent d'eux. Pour convaincre l'opinion publique, c'est-à-dire nous, que leurs directives sont obligatoires et impératives, ils les font présenter, défendre et publier par d'autres. Sous des formes à peine différentes. L'OCDE et la Commission des Communautés européennes s'en chargent habituellement. Ca fait plus sérieux. Et les journaux en parlent. C'est comme si nous étions soumis à un roulement de tambours nous assourdissant les oreilles de leurs ordres qui finissent par pénétrer dans nos cervelles sans que nous l'ayons voulu. Et puis, si vous dites: «Mon gouvernement exagère, nous devons refuser ce qu'il prépare», votre gouvernement peut vous répondre: «Mais non, ce n'est pas nous, regardez, c'est la Commission européenne.» Et si vous rétorquez: «Mon gouvernement et la Commission européenne prennent de mauvaises décisions», les deux, ensemble, peuvent vous dire: «Mais non, voyez, l'OCDE le dit aussi, et le FMI, et l'OMC. Tous ces éminents experts du monde entier pensent la même chose. Donc ce sont de bonnes décisions.» Ce qu'ils ne vous diront pas, c'est qu'ils se connaissent tous, les riches, les patrons*, les ministres, les experts de l'OCDE, etc. Ils travaillent ensemble, descendent dans les mêmes hôtels, voyagent dans les mêmes avions, se réunissent dans les mêmes salles de réunion.

Voici donc les preuves. Attention, les textes que nous citons sont écrits par des «experts». C'est-à-dire dans leur jargon. C'est-à-dire en charabia pratiquement incompréhensible pour le commun des mortels que nous sommes. Nous allons donc en citer le moins possible et les expliquer, les «traduire» le mieux possible. Vous remarquerez qu'il y a beaucoup de répétitions. C'est volontaire de leur part, pour bien enfoncer leur propagande dans nos têtes et nous montrer qu'ils sont tous d'accord et qu'il font tous la même «analyse». Nous avons, pour notre part, volontairement choisi de reproduire ces répétitions parce qu'au fil du temps, elles se complètent, précisent la stratégie et dévoilent les véritables intentions de leurs auteurs.

Lamentations

En janvier 1989, la Table Ronde Européenne des Industriels (ERT, du nom anglais de la Table Ronde: European Round Table[2]), publie un rapport intitulé «Education et Compétence en Europe».

Elle y affirme que *«le développement technique et industriel des entreprises européennes exige clairement une rénovation accélérée des systèmes d'enseignement et de leurs programmes»*, que *«l'éducation et la formation sont considérées comme des investissements stratégiques vitaux pour la réussite future de l'entreprise»* et elle déplore que *«l'industrie n'a qu'une très faible influence sur les programmes enseignés»*, que les enseignants ont *«une compréhension insuffisante de l'environnement économique, des affaires et de la notion de profit»* et que ces mêmes enseignants *«ne comprennent pas les besoins de l'industrie»*.

Les choses sont donc claires. L'enseignement est vital pour les entreprises, donc pour les patrons, donc pour assurer les profits des riches. Or, les industries, donc les patrons, les riches, n'ont, disent-ils, que peu d'influence sur l'enseignement (ce qui est faux, voir partie 8, mais ils n'en ont pas encore assez à leur goût) et les enseignants ne comprennent rien aux affaires... des hommes d'affaires. Il faut que ça change!

Suggestions

L'ERT suggère, dans le même rapport, que *«industrie et établissements d'enseignement* (puissent) *travailler ensemble au développement de programmes d'enseignement sur mesure spécialement faits pour les adultes qui poursuivent leurs études sans quitter leur emploi.»* A cette fin, elle préconise *«l'apprentissage à distance»*, *«l'enseignement à distance»* et, donc, la mise au point de *«didacticiels*»*.

Première proposition: commençons dans l'industrie elle-même. Pour faire face à la concurrence, nous, industriels, devrons sans cesse apprendre de nouvelles techniques à nos employés et ouvriers. Ce sont des jours et des jours perdus pendant lesquels les ouvriers et employés, non seulement ne produisent pas de profits pour nous, mais nous coûtent cher en formation. Donc, qu'ils étudient chez eux. A distance. Pendant leurs heures de repos. Pour cela, il faut mettre au point des programmes informatiques, des logiciels. Des programmes didactiques. C'est-à-dire des didacticiels.

Regroupant en son sein les grands patrons des principaux constructeurs informatiques européens[3], la

Table Ronde des Industriels cherche alors de nouveaux marchés avec d'autant plus de frénésie que le proche aboutissement de la libéralisation* totale des télécommunications promet à ses membres de fabuleux profits, non seulement par la vente de matériel et de logiciels mais aussi par l'exploitation des compagnies de téléphone, privatisées entièrement ou en partie, c'est-à-dire qui leur appartiennent désormais.

Promouvoir ou imposer l'enseignement à distance est donc pour eux, à terme, source d'extraordinaires bénéfices. Ils peuvent espérer toucher des profits supplémentaires dus à la fois à l'augmentation de l'utilisation des lignes téléphoniques, à l'augmentation de la vente de matériel que leurs usines produisent (ordinateurs, modems, centraux téléphoniques, fibres optiques*) et à la perception, non moins importante, des droits d'auteur* sur la vente et l'exploitation de «didacticiels».

Les autres conséquences bénéfiques de cette stratégie, pour eux, seraient une meilleure adéquation de l'enseignement aux exigences de l'industrie, une préparation active au «télétravail*», une réduction importante des coûts de formation en entreprise et une atomisation bienvenue des enseignés et des enseignants dont le nombre, l'organisation et la turbulence constituent d'inquiétantes menaces ou, en tout cas, de sérieux freins au développement de «l'économie de marché*» et aux «sacrifices» budgétaires qui l'accompagnent.

Les patrons de l'ERT vont alors rendre visite à leurs amis de l'OCDE et de la Commission des Communautés européennes. Le résultat ne se fait pas attendre.

Collusion

Le 7 mars 1990, la Commission européenne adopte un «document de travail» (c'est pratiquement la même chose que les «rapports» de l'ERT) sur «l'Education et la formation à distance».[4] Elle y écrit: *«L'enseignement à distance (...) est particulièrement utile (...) pour assurer un enseignement et une formation rentables (...). Un enseignement de haute qualité peut être conçu et produit en un lieu central et ensuite diffusé au niveau local, ce qui permet de faire des économies d'échelle*. Le monde des affaires devient de plus en plus actif dans ce domaine, soit en tant qu'utilisateur et bénéficiaire de l'enseignement multimédia et à distance, soit en tant que concepteur et négociant en matériel de formation de ce type. Le marché, et par là le potentiel pour l'enseignement à distance s'est considérablement élargi pendant les années 80.»*

Ainsi, il n'aura fallu que quelques mois à la Commission européenne pour reprendre à son compte la nécessité de «rentabiliser» la formation et d'instaurer un «marché» de l'enseignement. Décidément, elle se sera bien rapidement laissée persuader que l'enseignement doit devenir une marchandise comme une autre.

En mai 1991, la Commission européenne montre qu'elle a encore mieux compris la «pensée» des industriels. *«La révolution informatique»*, écrit-elle dans un «rapport»[5] *«déclasse une grande partie de l'enseignement»* et *«les connaissances utiles ont une demi-vie de dix ans, le capital intellectuel se* (dépréciant) *de 7% par an tout en s'accompagnant d'une réduction correspondante de l'efficacité de la main-d'œuvre.»*

Ce charabia veut dire que les connaissances vraiment «utiles», celles dont les industriels ont besoin pour augmenter leurs bénéfices, seraient dépassées de moitié au bout de dix ans. Les techniques qu'a apprises un employé ou un ouvrier ne vaudraient donc plus rien après vingt ans. L'ouvrier ou l'employé serait bon à jeter après cette période. Mais voilà, il n'y a plus assez de naissances dans les pays riches. Donc le flot de jeunes disposant de «connaissances utiles» n'est plus suffisant pour alimenter l'industrie. Il faut donc «recycler» les vieux, à grands frais, dans les entreprises elles-mêmes. Et ça fait mal au portefeuille des riches.

«Les entreprises qui autorisent leurs employés à prendre des congés d'étude», poursuit le rapport, *«sont confrontées au problème de la perte de production directe qui en découle* (eh oui, pendant leurs «congés» d'étude, non seulement les employés ne produisent plus de profits, mais ils coûtent de l'argent aux patrons puisqu'ils continuent à recevoir leur salaire). *Avec l'enseignement à distance* (les entreprises) *peuvent investir dans le développement de leur capital*

humain en maîtrisant leurs coûts.» (Comme expliqué plus haut, un travailleur qui se forme chez lui, à distance, pendant ses heures de congé ou le week-end, ne coûte rien à son entreprise, c'est ce qu'on appelle «maîtriser les coûts».)

Enfin, la Commission européenne estime: *«Une université ouverte est une entreprise industrielle et l'enseignement supérieur à distance est une industrie nouvelle. Cette entreprise doit vendre ses produits sur le marché de l'enseignement continu que régissent les lois de l'offre et de la demande*.»*
Sans aucune honte, la Commission européenne annonce ouvertement que l'enseignement doit devenir une industrie, industrie qui doit vendre ses produits, les cours, sur le marché régi par les lois de l'offre et de la demande. Cela veut dire aussi que ceux qui ne pourront pas payer ces «produits» seront désormais exclus de l'enseignement.

Consommation

Six mois plus tard, la Commission européenne insiste pesamment en qualifiant ouvertement les étudiants de «clients» et les cours de «produits». Donc, pour elle, les étudiants ne sont plus, comme elle le prétendait jusque-là, des jeunes que la société doit former pour qu'ils deviennent des citoyens responsables capables de conduire leur vie le plus harmonieusement possible dans la société la plus harmonieuse possible, mais des «consommateurs» devant payer leurs cours qui ne sont plus, eux, que des produits devant se vendre.

Dans un nouveau rapport[6], la Commission, faisant allusion à l'importance de l'apprentissage à distance pour soutenir la compétitivité européenne, écrit en effet: *«La réalisation de ces objectifs exige des structures d'éducation qui devraient être conçues en fonction des besoins des clients* (sic). *L'apprentissage à distance présente un attrait particulier car il peut être adapté de manière à n'interférer qu'un minimum avec les exigences du travail et, plus l'utilisation du matériel est répandue, plus l'opération devient rentable»* (Traduction: plus le nombre de travailleurs obligés d'apprendre chez eux en payant leur formation de leur poche est important, plus l'opération est rentable pour les patrons).

Et la Commission continue: *«L'apprentissage ouvert et à distance ne dépend pas des frontières nationales, ce qui peut contribuer à l'élargissement du marché potentiel et donc favoriser les économies d'échelle.»* (Un patron dont l'usine fabrique des composants électroniques, par exemple, pourra vendre ses cours de recyclage non seulement à ses travailleurs mais aussi à ceux des autres fabricants de composants électroniques dans le monde entier.) *«Une concurrence s'instaurera entre les prestataires de l'apprentissage à distance* (les prestataires, ce sont les patrons qui vendent des cours à distance), *ce qui peut déboucher sur une amélioration de la qualité des produits»* (des cours).

Ici, la Commission européenne n'hésite pas à utiliser les mensonges les plus grossiers et éculés. La concurrence, à elle seule, n'a jamais amélioré la qualité des produits.

Adoration

Le 26 mai 1994, la Commission pulvérise tous ses records de servilité à l'égard des riches en publiant le rapport d'un «groupe de hautes personnalités» auquel elle donne le titre: «L'Europe et la société de l'information planétaire».[7] Cinq de ces vingt hautes personnalités sont membres de l'ERT. Toutes, à l'exception de Martin Bangemann, l'ultra-libéral* Commissaire européen à l'industrie et grand prêtre de l'économie de marché, sont des industriels. Dans ce rapport, ils délirent complètement mais affichent aussi ouvertement leurs buts: *«Créer des centres de télétravail dans vingt villes d'ici à la fin de 1995 pour au moins 20.000 travailleurs. On passerait ensuite au télétravail pour 2% des "cols blancs" d'ici à 1996, et à 10 millions de postes de télétravail d'ici à l'an 2000. Les fournisseurs du secteur privé se lanceront sur le marché de l'enseignement à distance.»*

Bon, d'accord, le «marché du travail», leur marché d'esclaves, c'est déjà eux, les riches, qui l'organisent aujourd'hui. Ils peuvent donc rêver, comme ils le veulent, à la manière dont ils l'organiseront demain. Ils peuvent aussi rêver de créer un marché de l'enseignement à distance qui leur rapporterait beaucoup d'argent et précipiterait une plus grande partie de l'humanité dans le désespoir de l'ignorance. Mais ce qu'ils ne disent pas, n'écrivent pas et cachent soigneusement, c'est que pour arriver à mettre sur pied un tel «marché», il faut d'abord détruire l'enseignement public, l'enseignement gratuit. Ce qu'ils n'avouent pas, c'est qu'en même temps qu'ils rêvent de nouvelles fortunes à amasser avec un enseignement privé et payant, ils exercent de fortes pressions sur les gouvernements pour que ceux-ci réduisent leurs budgets* d'enseignement et rendent leur enseignement tellement pauvre et inefficace que, «naturellement», une grande partie des étudiants se tournera vers l'enseignement privé et sera prête à payer la formation qui, espérera-t-elle, la garantira peut-être du chômage.

Répétitions

Quelques jours plus tard, l'ERT publie un nouveau rapport: «Construire les autoroutes de l'information».[8] Il s'agit, pour les grands patrons, de battre le fer tant qu'il est chaud. Dans ce rapport, les industriels précisent une fois de plus leurs objectifs: *«Lancer des consortiums privés/publics pour créer des réseaux de formation. Utiliser les réseaux d'information comme outil d'enseignement et de formation de tous les jeunes, pour donner une dimension internationale à l'enseignement.»*

Mais comme c'est merveilleux! Voilà les riches devenus internationalistes. Une «dimension internationale» à l'enseignement! Un enseignement scientifique, universel, qui donnerait une part essentielle à l'acquisition des richesses culturelles de l'humanité... Pensez-vous! Il faut lire «une dimension *commerciale* internationale». Rien de plus. Question d'économie d'échelle, voilà tout.

Et, pour répondre concrètement aux exigences répétées des patrons, à la fin de l'année 1994, la Commission européenne lance le programme Leonardo Da Vinci[9], doté d'un budget initial de 4,1 milliards de francs français (24,6 milliards de francs belges). Ce programme, financé avec de l'argent pris dans nos poches, vise à encourager *«la formation tout au long de la vie»,* le développement de *«nouvelles formes d'apprentissage», «l'élaboration d'une méthode de validation des acquis»* ainsi que *«l'acquisition de la maîtrise des nouvelles technologies».*

«Formation tout au long de la vie», on sait ce que c'est. «Nouvelles formes d'apprentissage» aussi. «Acquisition de la maîtrise des nouvelles technologies», également. Il s'agit des technologies utiles aux patrons. Mais «validation des acquis», ça c'est neuf. C'est neuf et génial. Du moins de la part des patrons. On verra un peu plus loin de quoi il s'agit.

Mondialisation

Maintenant une petite explication pour comprendre ce qui va suivre.

La crise économique actuelle a commencé en 1973. Les dirigeants des sept pays industrialisés les plus riches d'Occident ont décidé alors de se rencontrer régulièrement, et au moins une fois par an, pour faire le tour des questions qui les préoccupaient et essayer d'y trouver des réponses ensemble. Comme ils étaient sept, ils se sont appelés le «Groupe des sept», ou «G7». Tous ardents partisans de l'économie de marché, les chefs d'Etat et de gouvernement ont bien pris soin de ne se réunir qu'entre eux. Il fallait que leur réunion annuelle soit aussi prestigieuse que possible et attire des milliers de journalistes pour colporter dans les chaumières du monde entier leurs sages paroles. Mais, tout à coup, voilà qu'ils acceptent que ce ne soit plus eux, mais certains de leur «simples» ministres qui organisent une réunion. Une réunion du G7, oui, mais «extraordinaire». Il fallait qu'il y ait urgence. Et l'urgence, c'était la bonne nouvelle de l'avènement de la «Société de l'information» à laquelle l'humanité entière devait se préparer immédiatement. Et tant pis pour ceux qui n'ont pas le téléphone.

Information

Donc, en février 1995, réunion extraordinaire du G7 à Bruxelles, consacrée à la «Société de l'information». A cette occasion, ils n'allaient évidemment pas rater ça, les patrons de l'ERT publient un nouveau rapport.[10] Ils y enfoncent le clou encore plus loin, plus fort et plus impudemment. Voici les extraits les plus significatifs de ce document: *«La clé de la compétitivité de l'Europe réside dans la capacité de sa force de travail à relever sans cesse ses niveaux de connaissance et de compétence.»* (Traduction: pour que les patrons européens puissent continuer à faire fortune, les travailleurs doivent apprendre et travailler toujours plus.) *«Dès lors, la responsabilité de la formation doit en définitive être assumée par l'industrie.»* (Traduction: les patrons doivent prendre en main l'éducation). *«Le monde de l'éducation semble ne pas bien percevoir le profil des collaborateurs nécessaires à l'industrie.»* (Traduction: les enseignants ne font pas assez de leurs étudiants les robots dont nous avons besoin.) *«L'éducation doit être considérée comme un service rendu au monde économique.»* (Traduction: les étudiants, futurs travailleurs, doivent servir les riches.) *«Les gouvernements nationaux devraient envisager l'éducation comme un processus s'étendant du "berceau au tombeau*".»* (Traduction: les gouvernements doivent aider les riches à nous forcer à apprendre toute la vie à leur seul profit.) *«L'éducation vise à apprendre, non à recevoir un enseignement.»* (Traduction: l'éducation doit se borner à apprendre aux jeunes à apprendre tout seuls, nous nous chargerons de la suite de leur éducation.) *«Nous n'avons pas de temps à perdre. La pression concurrentielle intense requerra de nouveaux talents. Nous lançons un cri d'alarme. Les systèmes d'éducation ne s'adaptent pas assez vite à la révolution technologique. La réforme des systèmes d'éducation devrait bénéficier d'une priorité politique.»* (Traduction: les gouvernements doivent réformer l'enseignement selon nos exigences et vite.) *«La présence d'industriels et de professeurs dans les conseils d'administration réciproques serait une voie à explorer.»* (Traduction: les patrons doivent diriger les écoles et celles-ci doivent être au service direct de l'entreprise.) *«L'enseignement à distance élimine les inconvénients de l'absence au travail et des déplacements. Les méthodes et outils d'éducation devraient être modernisés, particulièrement pour encourager l'auto-apprentissage.»* (Traduction: les travailleurs ne doivent plus gaspiller l'argent des patrons à se former sur leur lieu de travail, mais chez eux, à la maison et à leurs frais.) *«Chaque élève devrait à terme disposer de son propre ordinateur.»* (Traduction: c'est la fin de la gratuité de l'enseignement.)

On comprend pourquoi il fallait convoquer cette «réunion extraordinaire». Il y a urgence: «Nous lançons un cri d'alarme, nous n'avons pas de temps à perdre, il faut une priorité politique». Européens, Américains et Japonais, les concurrents les plus acharnés, tous présents à cette réunion, lancent le même cri d'alarme... Ils sont exactement comme les conquistadores espagnols devant l'or inca. Fous, fascinés par le trésor jusque-là insoupçonné qui s'offre tout à coup à leurs yeux. Ils ne veulent plus qu'on (les gouvernements et les législations nationales) les retienne. Et ils rabâchent leurs arguments en clamant «dépêchons-nous, dépêchons-nous!» Les milliers de journalistes du monde entier dépêchés à leur réunion, eux, transmettront fidèlement leur message, sans état d'âme.

Déréglementation*

Renvoyant une fois de plus la balle, la Commission des Communautés européennes publie, à la fin de la même année, un «Livre blanc sur l'éducation et la formation».[11] Non seulement elle y répond largement aux exigences de l'ERT mais elle dévoile un aspect de la stratégie patronale jusqu'alors tenu secret. Si l'enseignement devient une industrie commerciale, qui va décerner les diplômes de fin d'études? Jusqu'ici, ce sont les Etats qui réglementent l'attribution des diplômes. Et celle-ci fait l'objet de réglementations nationales très strictes. Ce sont aussi les Etats qui reconnaissent les diplômes. La plupart des professions sont ainsi «protégées» sur le plan national. Difficile de trouver un emploi d'ingénieur en France avec un diplôme australien. Changer ces réglementations dans chaque Etat serait une lourde et longue tâche. Une partie de l'opinion pourrait y résister et les enseignants des réseaux publics, ces «conservateurs assis sur leurs privilèges», pourraient s'y opposer. Or, le temps presse, on l'a vu.

Alors, idée géniale, on va se passer de diplômes. On va trouver un autre système: la «carte personnelle de compétences». Les marchands d'enseignement la fourniront eux-mêmes. Et comme les entreprises privées de «fourniture d'enseignement» adapteront leurs «produits» (leur enseignement) aux besoins des entreprises consommatrices de main-d'œuvre, pas de problème. Nous reparlerons de cette fameuse «carte de compétences» un peu plus loin.

C'est ainsi qu'on lit, dans ce nouveau texte de la Commission européenne: *«Le rapport de la Table Ronde des Industriels Européens (février 1995) a insisté sur la nécessité d'une formation polyvalente incitant à "apprendre à apprendre" tout au long de la vie. La Commission a insisté sur la nécessité d'un encouragement à la production européenne de logiciels éducatifs. Le présent livre blanc suggère d'expérimenter une troisième voie qui consiste à reconnaître des compétences partielles à partir d'un système d'accréditation fiable. L'individu doit pouvoir faire valider des compétences indépendamment du fait qu'il passe ou non par une formation diplômante.»* (Traduction: quelle que soit la manière dont l'étudiant acquiert des connaissances ou des compétences, il faut que celles-ci soient reconnues, et pas nécessairement par un diplôme officiel. Ainsi, la nouvelle «industrie» privée de l'enseignement pourra elle-même délivrer ses propres «diplômes».)

«Chacun devrait pouvoir disposer, s'il le désire, d'une carte personnelle de compétences où seraient portées les compétences ainsi validées», ajoute la Commission. Et, pour joindre encore une fois le geste à la parole, tout en puisant dans nos poches pour aider les riches à s'enrichir, la Commission européenne lance le programme* Socrates, doté d'un budget initial de 5,64 milliards de FF (33,84 milliards de FB), de 1995 à 1999. Ce programme vise à *«donner une dimension européenne à l'acquisition de connaissances à domicile.»*[12] Aucune raison de s'arrêter en si bon chemin. Début 1996, la Commission européenne propose de «stimuler la re-

cherche» sur *«les logiciels éducatifs multimédias»*[13] et d'augmenter le budget qui y est déjà consacré (elle parle de 4,5 milliards de FF, 27 milliards de FB), avant de publier une «Note d'information»[14] dans laquelle elle écrit que *«subsiste le danger que l'évaluation de la qualité mène à une normalisation à travers l'accréditation ou le contrôle de l'Etat»*. C'est vrai, ça. On l'a vu, les Etats (les fonctionnaires, les professeurs, etc.) sont des empêcheurs de privatiser en rond. Pas question qu'ils se mêlent d'évaluer la qualité de l'enseignement vendu par des entreprises privées.

La Commission recommande donc la création d'une *«agence d'évaluation externe et non gouvernementale»* pour *«contribuer à la transparence* (et) *à la régulation du marché entre des institutions concurrentes.»* Autrement dit, c'est un organisme privé qui sera chargé de dire si un cours vendu par une firme privée est de bonne qualité ou non. Cet organisme privé devra aussi organiser la concurrence entre les marchands de cours. Et, bien sûr, ce sont des représentants des marchands d'enseignement qui siégeront dans cet organisme privé dont les décisions seront aussi «transparentes» que les murs des salles de réunion où elles seront prises dans le plus grand secret. Pour l'heure, ce n'est qu'une recommandation. Mais on sait que les «recommandations» de la Commission européenne deviennent vite des obligations.

Plus les «voix autorisées»* vont dans le même sens, mieux c'est. L'opinion publique, laminée par l'abondance des rapports, livres blancs et autres recommandations, émis par des institutions ayant pignon sur rue, finira par se laisser convaincre que, c'est vrai, l'enseignement doit être confié au secteur privé. On fait donc entrer le troisième compère dans la danse: l'OCDE. L'organisation de développement de l'économie de marché publie un volumineux compte-rendu d'une «table ronde» qui s'est tenue à Philadelphie (Etats-Unis) en février 1996.[15]

Exclusion

Ici, les experts de l'OCDE ne s'embarrassent pas de périphrases pour prévoir l'apocalypse mondiale dans l'enseignement. Ils écrivent: *«L'apprentissage à vie* ne saurait se fonder sur la présence permanente d'enseignants»* mais doit être assuré par des *«prestataires de services éducatifs* (c'est-à-dire des entreprises privées). *La technologie* crée, ce qui est une première, un marché* (commercial) *mondial* dans le secteur de la formation* (Comprenez: de l'enseignement). *La possibilité nouvelle de proposer des programmes d'enseignement dans d'autres pays sans que les étudiants ou les enseignants ne partent de chez eux pourrait fort bien avoir d'importantes répercussions sur la structure du système d'enseignement et de formation à l'échelle mondiale* (Comprenez: notre stratégie est mondiale, les enseignants et étudiants d'aucun pays n'y échapperont). *Dans certains pays, il semble que les enseignants encourent réellement le risque d'être les laissés-pour-compte dans le développement du marché des technolo-*

gies de l'information (Comprenez: des dizaines de millions de professeurs perdront leur emploi). Les pouvoirs publics n'auront plus qu'à *«assurer l'accès à l'apprentissage de ceux qui ne constitueront jamais un marché rentable et dont l'exclusion de la société en général s'accentuera à mesure que d'autres vont continuer de progresser.»* (Oui, vous avez bien compris, ceux qui sont déjà exclus de la société et qui ne peuvent pas payer des cours privés, seront encore plus exclus et seront parqués et entassés dans les quelques écoles publiques qui subsisteront. Il y aura des centaines de millions d'exclus, mais les riches s'en fichent puisqu'ils ne sont pas «rentables»!)

Voilà, l'OCDE a exprimé crûment ce que l'ERT et la Commission européenne n'avaient pas encore osé dire: que partout, dans tous les pays (et non comme proclamé fallacieusement, dans «certains pays» seulement) les enseignants seront les «laissés-pour-compte» de la privatisation de l'enseignement, ils perdront leur emploi par millions. Que les enseignants «non laissés-pour-compte» qui survivront à la privatisation générale de l'enseignement s'occuperont de la population non rentable, de ceux qui ne peuvent pas payer, des pauvres, quoi! Le même rapport de l'OCDE énumère encore de multiples exemples des «avantages» que retirent déjà les patrons de l'enseignement à distance. En Allemagne, le constructeur d'appareils électroménagers Bosch est parvenu à obliger un cinquième de ses 95.000 employés à se former chez eux, pendant leurs heures de loisirs, aux nouvelles techniques mises en œuvre dans leur entreprise. Les entreprises suisses font mieux. En Suisse, 340.000 travailleurs ont dû faire la même chose.[16]

Dans la foulée, l'OCDE publie encore «Internationalisation of Higher Education»[17], un rapport qui préconise *«un engagement plus important de la part des étudiants dans le financement d'une grande partie des coûts de leur éducation»*. Quoi de plus logique! Il faut que les étudiants apprennent dès aujourd'hui à payer pour apprendre. Demain, ils n'auront plus le choix!

Législation

Au travers de ces nombreuses publications, on distingue clairement les objectifs des industriels: créer, en marge des réseaux d'enseignement public réduits à dispenser un enseignement de base sous-subsidié, un vaste système, privé et commercial, de téléenseignement* payant. Mais ils pourraient se heurter à un problème de taille: dans de nombreux pays, dont des pays membres de l'Union européenne, l'enseignement à distance («par correspondance») dépend de l'enseignement public et est réglementé en tant que tel. En outre, les législations nationales limitent ou contrôlent souvent étroitement l'enseignement par correspondance privé. Certains Etats pourraient donc compliquer ou freiner sérieusement la création et le développement d'entreprises privées d'enseignement.

La Commission européenne met donc ses juristes au travail. Et ceux-ci produisent un document qui, bien qu'officiel, n'est pas destiné au grand public. Il est aimablement rédigé à l'intention des patrons pour leur faire savoir que la Commission n'est pas seulement de leur côté mais qu'elle se mettra à leur service et qu'en cas d'ennui, elle sera derrière eux.[18] A tout Etat qui protesterait, la Commission répondra que l'enseignement à distance est un service, et un service à distance est nécessairement promis à traverser les frontières, or les traités européens imposent la «libre circulation des services*», donc l'enseignement à distance ne peut être réglementé ou empêché de «circuler» à l'intérieur de ses propres frontières par aucun Etat. D'ailleurs, comment les Etats l'empêcheraient-ils techniquement? Impossible. Donc, réjouissez-vous, patrons, d'immenses profits vous sont promis et personne ni aucune législation ne pourra vous en priver.

Accréditation

Reste le problème de l'attribution et de la reconnaissance des diplômes et autres certificats de fin d'études qui sont du domaine national, dans chaque Etat, et qui sont strictement réglementés par les législations nationales. Or, modifier ou abolir autant de législations qu'il y a d'Etats prendrait des années et se heurterait à de vives oppositions ou résistances. Et, on l'a vu, «le temps presse», le «marché» n'attend pas. La Commission des Communautés européennes va à nouveau faire preuve d'une diligence empressée. Elle va financer (avec notre argent, encore une fois) la mise au point d'une «carte d'accréditation des compétences» (*skill accreditation card*).

L'idée est simple. Imaginons qu'un jeune accède à plusieurs fournisseurs commerciaux d'enseignement par Internet et acquière ainsi des «compétences» en technique, en gestion et en langues. Au gré de son auto-apprentissage, les fournisseurs d'enseignement reconnaîtront (accréditeront) les connaissances et compétences qu'il a acquises. Cette «accréditation» se fera électroniquement et sera comptabilisée sur une disquette (une «carte») qu'il aura glissée dans son ordinateur connecté à ses fournisseurs. Lorsqu'il cherchera un emploi, il introduira sa disquette dans son ordinateur et se connectera à un site «offres d'emploi» géré par une association patronale. Son «profil» (son bagage de connaissances, mais aussi son âge, sa situation civile, sa disponibilité pour un emploi à l'étranger) sera alors analysé par un logiciel et, si ses «compétences» correspondent à celles que cherche un employeur, il sera peut-être engagé. Plus besoin de diplômes. Le monde patronal gère désormais son propre système qui échappe totalement au contrôle des Etats et au monde académique.

Collusion

Ne perdant pas de temps, la Commission européenne demande, en février 1996, à des entreprises de mettre au point cette «carte de compétences».[19] Bien sûr, elle les payera très bien pour ça. Et, dans un document[20] pratiquement secret qu'elle remet aux industriels qui manifestent leur intérêt, elle précise qu'il s'agit *«d'assurer à chacun une reconnaissance de ses compétences par un système flexible et permanent d'accréditation des unités de connaissance par des mécanismes d'évaluation et de validation informatiques. L'accréditation et la validation des compétences utilisera un système de logiciels interactifs reliés par un réseau (Internet) à un serveur qui délivrera des tests interactifs sur demande, évaluera les résultats et validera le niveau testé. Ce niveau sera enregistré sur une carte personnelle et ces cartes personnelles deviendront le véritable passeport pour l'emploi.»* Non seulement la Commission se met intégralement au service des patrons pour leur offrir l'enseignement sur un plateau mais, en plus, elle les paie pour qu'ils mettent au point les systèmes informatiques dont ils ont besoin pour se remplir les poches.

Le 17 avril, la Commission européenne annonce sa participation à des ateliers qui se tiennent à l'hôtel Sheraton de Bruxelles. Ces ateliers sont organisés par des entreprises de fabrication de logiciels d'enseignement. Un des cinq ateliers s'intitule: «Marketing, distribution et vente: un retour sur investissements».[21] Si un patron dépense de l'argent à mettre au point des didacticiels, il faut que ceux-ci lui rapportent un maximum. C'est ce qu'on appelle un «retour sur investissement». Et ce «retour» est d'autant plus intéressant que... c'est la Commission européenne qui a payé la mise au point de ces logiciels, avec notre argent.

Le 6 mai, les ministres de l'éducation de l'Union européenne, apparemment tous disposés à céder au plus vite leurs attributions aux industriels, décident *«d'encourager un partenariat durable entre les établissements éducatifs* (les écoles) *et les fournisseurs de logiciels* (les industriels) *afin de créer un marché important»* et *«d'encourager les actions de recherche sur les produits et les processus d'apprentissage, éducation et formation à distance inclus, la création et la conception de logiciels éducatifs multimédias.»*[22] Autrement dit: les ministres feront en sorte que les écoles, tant qu'elles sont encore sous leur responsabilité, achètent suffisamment d'ordinateurs et de logiciels éducatifs pour gonfler les profits des marchands. En même temps, ils financeront activement la recherche pour la mise au point et l'amélioration de logiciels d'enseignement à distance. Ils décident donc de faire, eux aussi, ce que la Commission européenne fait déjà depuis longtemps.

A nouveau, l'OCDE vient à la rescousse en dévoilant que les choses sont déjà bien engagées. Dans un nouveau rapport[23], elle écrit: *«Aux Etats-Unis, le Projet Annenberg/CPB collabore avec des producteurs en Europe, au Japon et en Australie, pour créer plusieurs types de nouveaux cours devant être utilisés dans l'enseignement à distance. Les étudiants deviennent des clients et les établissements (les écoles et universités) des concurrents luttant pour obtenir une part du marché. Les établissements financés par l'Etat sont obligés d'entrer en concurrence les uns avec les autres et également avec les prestataires privés. Les établissements sont incités à se comporter en entreprises et à considérer qu'ils ont pour mission de réagir à l'évolution de la demande des programmes d'étude. Les étudiants doivent payer tout ou une partie du prix de leurs cours, ce qui vise à imposer la discipline du marché* aux producteurs de cours. Les possibilités de "pénétration du marché"*, en particulier dans les pays très peuplés et dans ceux qui ont des langues communes, semblent considérables.»* Sans commentaires!

Dans un autre rapport[24], l'OCDE reprend presque textuellement les termes utilisés par l'ERT et le Commissaire européen Bangemann: *«(...) il est plus important d'apprendre à apprendre que de maîtriser des prétendus "faits". Il faut encourager la possession d'un ordinateur. Les étudiants doivent apprendre à utiliser les services de réseau de la même manière qu'ils utilisent le téléphone.»*
Les choses sont claires. L'histoire, la sociologie, la philosophie, les cultures du monde ne sont que de «prétendus faits» parfaitement inutiles. Il n'est plus nécessaire de les enseigner (d'autant plus que l'apprentissage de l'histoire des révolutions, par exemple, pourrait donner de bien vilaines idées aux jeunes). Il faut donc apprendre aux jeunes à apprendre ce qui est véritablement utile. Ce qui est utile pour faire du profit. Rien d'autre.

Vérifications

Entre-temps, l'ERT ne reste pas inactive. Il s'agit de vérifier si les «didacticiels» sont efficaces. Non seulement en matière de formation professionnelle, ce qui est déjà avéré, mais aussi pour l'enseignement fondamental et secondaire, les principaux «marchés» à court terme.

Petrofina et IBM Belgium-Luxembourg lancent le projet «Ecole de demain». Dans la notice de présentation[25], François Cornélis, Président de la Direction de Petrofina, président du «Groupe de Travail Education» de l'ERT et bientôt président du Conseil d'Administration de l'Université Catholique de Louvain[26], écrit: *«Offrir à chaque jeune les clés d'une meilleure maîtrise de son environnement, d'une progression constante dans la société de la connaissance, c'est le pari qu'ont fait les industriels d'Europe réunis au sein de l'ERT. Avec le but simple mais ambitieux d'apporter une pierre à la dynamique de la construction européenne, au travers de ce qu'elle a de plus précieux: ses citoyens. Et singulièrement, les plus jeunes d'entre eux.»*
Ils ont bon dos les citoyens! Ils ne sont précieux que dans la mesure où ils acceptent de se faire plumer. Quant à la construction européenne, on sait depuis longtemps qu'il s'agit de construire l'Europe des riches.

Sous le titre «Apprendre à apprendre», la notice qui est distribuée aux groupes cibles du projet précise: *«Dans la ligne des deux rapports consacrés par la Table Ronde des Industriels Européens (ERT) à l'avenir de l'éducation, Petrofina a voulu participer à la vérification sur le terrain de* (l'hypothèse selon laquelle) *l'ordinateur autorise une plus grande souplesse de l'apprentissage et induit chez l'élève un comportement plus autonome.»*

Quel cynisme! Sans cacher même qu'on «vérifie» l'efficacité de l'ordinateur sur le terrain, on séduit les enseignants d'une des régions les plus pauvres de Belgique en installant gratuitement des ordinateurs dans les classes de leurs petits. Et, sagement, docilement, heureux de participer à une «expérience d'avant-garde», ces enseignants contribuent sans le savoir, et gratuitement, à la destruction future de leur propre emploi. Il faut savoir en effet que tout nouveau produit est «vérifié» (on dit «testé» en marketing) sur des «marchés» potentiels, à commencer par les plus imperméables à ces nouveaux produits. Quel meilleur «marché potentiel» que ces enfants-cobayes défavorisés d'une région défavorisée? S'ils se montrent, eux, ouverts et réceptifs à ce «nouveau produit», alors tous les marchés sont ouverts aux commerçants d'enseignement.

L'ERT précise alors ses positions dans un nouveau rapport[27]: *«Il n'y a pas de temps à perdre»*, répète-t-elle, *«La population européenne doit s'engager dans un processus d'apprentissage tout au long de la vie. L'usage approprié des TIC* (Technologies de l'Information et de la Communication) *dans le processus éducatif va imposer d'importants investissements en termes financiers et humains. Ils généreront des bénéfices à la mesure des enjeux* (mais oui, on sait...). *Le marché des logiciels éducatifs offre un potentiel significatif de croissance économique* (de croissance de la richesse des riches.) *Il faudra que tous les individus qui apprennent s'équipent d'outils pédagogiques de base, tout comme ils ont acquis une télévision.»*

Estimations

Tout est donc en place pour imposer, de gré ou de force, un vaste réseau international d'enseignement privé commercial. Reste à préciser la «dimension» de ce marché potentiel et ce que parents et Etats sont prêts à donner pour le créer.

En France, on a quelques indications. En février 1995, Educinvest, qui gère 250 écoles privées et fait alors un chiffre d'affaires* annuel de 850 millions FF (5,1 milliards FB), devient propriété à 70% de la Générale des Eaux au travers de sa filiale, la Compagnie immobilière Phénix (CIP).[28] On a donc une idée de ce que certains parents sont disposés à payer pour donner une assurance contre le chômage à leurs enfants.

En Belgique, une étude réalisée par l'Institut de Sociologie de l'Université Libre de Bruxelles, publiée en mars 1997[29], révèle que les frais éducatifs (y compris les frais de scolarité) moyens assumés annuellement par les 30% de parents d'élèves belges de langue française qui disposent d'un revenu mensuel égal ou supérieur à 16.600 FF (100.000 FB), sont de 33.294 FF (200.000 FB). Les moins de six ans leur coûtent 20.937 FF (126.000 FB), les six à douze ans 20.850 FF (125.000 FB), les douze à dix-huit ans 34.832 FF (209.000 FB) et les plus de dix-huit ans 72.136 FF (432.000 FB). Ces parents-là aussi sont prêts à payer cher l'incertaine satisfaction d'offrir un futur emploi à leurs enfants.

L'OCDE publie, elle, des données sur les dépenses que les Etats sont disposés à abandonner (au marché): *«Dans tous les pays de l'OCDE, l'éducation absorbe une part importante des ressources nationales.*[30] *Dans la plupart des pays de l'OCDE*[31] *les dépenses totales d'éducation représentent entre 5 et 8 pour cent du PIB. En moyenne, les rémunérations du personnel dans les pays de l'OCDE représentent environ 82 pour cent des dépenses courantes d'éducation dans l'enseignement primaire et secondaire.* (Les) *dépenses annuelles de l'éducation dans les pays de l'OCDE* (sont de) *1.000 milliards de dollars (US)»* (5.810 milliards FF, 35.000 milliards FB).

Exécution!

Le 8 décembre 1997, les quotidiens francophones de Belgique publiaient l'annonce que voici[32]: *«Dans le cadre du programme de formation professionnelle Leonardo da Vinci, la Belgique francophone, en collaboration avec la Commission européenne, lance le quatrième appel à propositions. (...) Aux niveaux national et européen, les priorités sont les suivantes: L'acquisition de nouvelles compétences; Rapprocher les établissements d'enseignement ou de formation et les entreprises; (...) Généraliser l'accès aux connaissances (par les outils de la société de l'information) dans la perspective de la formation tout au long de la vie. Pays concernés: Les 15 pays membres de l'Union européenne (...).»*

En février 1998, le ministre socialiste français de l'enseignement, Claude Allègre, après avoir estimé que la grève que venaient d'observer les instituteurs et professeurs de l'enseignement secondaire en France était *«sans motif»*, déclare que son objectif est *«d'instiller cet esprit d'entreprise et d'innovation qui fait défaut»* au système éducatif français.[33] Annonçant par la même occasion qu'il lance une «Agence pour la promotion de la formation à l'étranger», il précise: *«Nous allons vendre notre savoir-faire à l'étranger, et nous nous sommes fixé un objectif de 2 milliards de francs de chiffre d'affaires en trois ans. Je suis convaincu qu'il s'agit là du grand marché du XXIe siècle. Un seul exemple: un pays comme l'Australie gagne 7 milliards de francs grâce à l'exportation de ses formations.»* Il parle encore de *«rénovation des contenus»* de l'enseignement et de *«filières»* qui doivent être *«moins contraintes par des règlements nationaux»*.

Le même mois, en Belgique, l'animateur d'une radio universitaire[34] demande à Marcel Crochet, recteur de l'Université Catholique de Louvain, si l'ERT a une influence sur la politique de l'enseignement. Réponse: *«Oui, je l'espère! Cette Table Ronde Européenne, qui a écrit deux rapports tout à fait remarquables: "Une éducation européenne, vers une société qui apprend" et "Investir dans la connaissance", montre l'utilisation des moyens modernes qu'on peut faire pour mieux apprendre. Ces deux documents vraiment remarquables font pour le moment le tour des universités européennes et étrangères. Ils tracent des voies étonnantes telles que l'importance d'une chaîne éducative qui va aujourd'hui de la crèche à la tombe. Ils tracent également ce que doit être l'éducation et ce qu'on attend d'une formation, qu'elle soit dans une haute école ou à l'université. Ces traces rejoignent complètement celles données par le Conseil des recteurs européens ou d'autres instances.»* Au même moment, l'Université Catholique de Louvain annonce la création d'une chaire en «économie de l'éducation» et le gouvernement wallon décide de doter tous les établissements scolaires d'un «centre cybermédia» avant l'an 2000.

5
Fiction

Le télétravail a explosé. Les grandes entreprises ont réduit leur personnel de moitié ou des trois-quarts. Dans le secteur des services, banques et assurances ont supprimé quatre-cinquièmes de l'emploi. Les entreprises industrielles et commerciales font sous-traiter leur production et leurs échanges par des indépendants ou des petites entreprises. Toute leur administration est effectuée par des travailleurs à domicile, sans contrat et payés à la pièce*.

Suite aux réductions massives des budgets de l'éducation, le téléenseignement s'est généralisé. Les universités ont perdu la majorité de leurs professeurs et de leurs étudiants. Elles ont centré l'essentiel de leurs activités sur la recherche pour l'industrie. Les écoles secondaires et supérieures qui subsistent ont massivement licencié leur personnel. Les bâtiments des écoles fermées ont été vendus ou tombent en ruine. Seules les villes privées* érigées un peu partout par les riches, ont construit, à l'abri de leurs enceintes barbelées, de nouveaux établissements scolaires rutilants. Privés, payants bien sûr, et très chers.
Seuls les réseaux primaires ont été maintenus et, parfois même, améliorés. Ce qui subsiste d'écoles secondaires, professionnelles, techniques et supérieures dispensent des cours de base, dans des locaux surpeuplés. Ceux qui veulent acquérir une formation leur

donnant une chance de trouver un emploi doivent s'abonner à des cours à distance commercialisés par quelques grands éditeurs internationaux. Ce sont surtout des cours de langues et de matières techniques. L'histoire, la philosophie, les sciences sociales ont pratiquement disparu.

L'agitation sociale provoquée par ce grand mouvement de destruction d'emplois a été durement réprimée. Dans le monde entier. Aux Etats-Unis, la garde civile a été sur pied de guerre pendant plusieurs années. En Europe, de nouvelles lois imposées par la Commission européenne et les patrons ont interdit les grèves et les manifestations de rue. Les dirigeants syndicaux ont été arrêtés. Puis, il n'a plus été nécessaire d'interdire les syndicats. Ils sont devenus squelettiques, leurs effectifs ayant fondu parce que les travailleurs à domicile, isolés, ne pouvaient plus s'organiser. Des organisations clandestines ont été créées mais elles sont impitoyablement pourchassées. Elles se multiplient néanmoins et se renforcent encore aujourd'hui, mais les médias ont interdiction d'en parler.

Les salaires ont fondu. A l'exception des cadres hyperspécialisés, tous les travailleurs ont été touchés. La disparition des diplômes nationaux a provoqué celle des barèmes salariaux*. Les travailleurs à domicile ont été mis en concurrence. Si, par exemple, un comptable ou un ingénieur français était estimé trop coûteux, l'entreprise pour laquelle il travaillait allait chercher en Turquie, en Inde, en Argentine ou en Nouvelle-Zélande de quoi le remplacer.

La production de biens matériels a été totalement délocalisée dans les pays à bas salaires, essentiellement en Europe centrale, en Asie du Sud-Est et en Amérique latine, multipliant par deux, en dix ans, le volume du transport maritime, aérien et routier, la pollution atmosphérique... et les bénéfices des entreprises, toutes privées, de téléphone et de transport.

Quand la population d'un pays se soulève, une force internationale d'intervention rapide est envoyée sur place par les grandes puissances du Nord pour une opération «humanitaire» et «chirurgicale» de rétablissement de l'ordre. Leur ordre. Celui de leurs entreprises.

Ce récit de fiction est la réalité que les dirigeants des grandes entreprises préparent aujourd'hui, concrètement et activement dans le secret de leurs bureaux et de leurs réunions privées. Une réalité que connaissent déjà certains peuples des pays pauvres. Une réalité qu'il faut transformer. D'urgence.

6
Stratégie

Par le nombre d'emplois qu'il procure et les importantes sommes d'argent qu'il mobilise, le secteur de l'enseignement est comparable à celui de l'automobile. C'est dire sa dimension.

La production automobile des vingt-neuf pays membres de l'OCDE génère un chiffre d'affaires annuel d'environ 1.286 milliards $ (7.500 milliards FF, 45.000 milliards FB) et emploie près de cinq millions de travailleurs.

Les mêmes pays membres de l'OCDE[35] consacrent annuellement mille milliards $ (5.800 milliards FF, 35.000 milliards FB) au financement de leur enseignement[36] qui occupe près de dix millions d'enseignants.

Si l'on supprime la moitié des quatre millions de professeurs que comptent les quinze pays de l'Union européenne, sachant que leurs salaires constituent plus de quatre-vingts pour cent des dépenses d'enseignement, ce sont des milliers de milliards de francs français ou belges qui sont disponibles pour la guerre concurrentielle!

Et, en plus, s'ils le peuvent, les parents sont prêts à dépenser énormément pour éviter le chômage à leurs enfants (voir page 52). Si l'on sait qu'il y a quatre-vingts millions d'élèves et d'étudiants dans l'Union européenne, enfants dont les parents n'hésiteraient certainement devant aucun sacrifice pour leur éviter le chômage, on peut se faire une idée du pactole qu'il y a à ramasser.

Sans compter le produit de la vente des écoles abandonnées et des terrains qu'elles occupent.
Sans compter que les patrons (les riches) vendront désormais, et cher, des cours jusqu'ici pratiquement gratuits. Et qu'ils pourront enseigner ce qu'ils veulent dans ces cours. Ils y enseigneront ce qu'ils ont besoin que nous apprenions pour augmenter encore et encore leurs bénéfices, leurs fortunes. Ils nous y bourreront le crâne de leur idéologie, de leurs idées et de leurs mensonges. Et ils laisseront tomber ce qui ne les intéresse pas.

Ils supprimeront l'histoire par pans entiers. Parce que l'histoire peut expliquer que les riches ont toujours exploité les pauvres et que ceux-ci ont toujours fini par se révolter, parfois avec succès. Ils ne garderont de l'histoire que les grandes heures de la construction de leur «démocratie» bourgeoise et de l'acquisition des «libertés», leur liberté d'entreprendre et leur liberté d'exploiter les autres. Ils présenteront deux mille ans d'histoire comme un long processus aboutissant «naturellement» à la libre entreprise, stade ultime, à leurs yeux, de l'évolution des sociétés humaines. Ils supprimeront les sciences sociales, parce que les sciences sociales peuvent trop bien décrire la misère des exploités et l'indécente opulence des riches. Ces sciences sociales n'ont, en outre, aucun intérêt pour la rentabilité de la main-d'œuvre. Ils supprimeront la philosophie, parce qu'elle pourrait montrer que leur prétendue philosophie à eux ne repose que sur des bobards de charlatans.

Ils trufferont, par contre, leurs cours-marchandises de leurs idées et des principes qui les servent: la compétition*, la flexibilité*, l'excellence*, la productivité*, le profit, l'économie de marché et la suprématie de l'entreprise privée.

Alors que c'est totalement faux, ils matraqueront, dans leurs cours, que la compétition régit toute vie sur terre. Que c'est une vérité naturelle, aussi vraie que celle des loups qui ont toujours mangé les brebis, que les lions ont toujours chassé les antilopes, que les araignées ont toujours pris des mouches dans leurs toiles. Ils diront que c'est génétique. Qu'il n'y a donc rien à faire. Qu'il faut se battre pour survivre, être meilleur que l'autre et l'écraser s'il le faut. Ils affirmeront que les battus, les pauvres, les laissés-pour-compte ont voulu leur sort, ont été paresseux, ou que c'est inscrit dans leurs gènes. Ils expliqueront que les vainqueurs, les riches, eux, le sont parce qu'ils ont mérité leur sort, ont «naturellement» mangé les autres, et que c'est aussi inscrit dans leurs gènes.

Ils expliqueront qu'il faut être «flexible» et «s'adapter». Flexible, ça veut dire travailler quand ils ont besoin de faire tourner leurs machines, nuit et jour s'il le faut, et chômer quand ils veulent arrêter leurs machines. S'adapter, ça veut dire accepter leurs exigences, travailler pour eux où et quand ils le veulent et aux salaires qu'ils imposent.

Ils insisteront sans cesse sur l'«excellence». Il faudra être excellent ou ne pas être. Il faudra, comme ils disent, avoir «zéro défaut», «zéro retard», «zéro panne». Et ceux qui n'observeront pas cette obligation d'excellence seront des zéros sociaux. Ils seront chassés de leur emploi et remplacés par des «excellents» qui... tiendront ce qu'ils peuvent, le temps qu'ils peuvent. La fatigue sera un «défaut», tout comme être enceinte, avoir des soucis, penser à son amoureux, être pris dans un embouteillage, assister à une réunion syndicale, rêver, être malade ou lire un journal.

Ils diront que seule la «productivité» compte. Par exemple, s'ils veulent produire deux fois plus de marchandises, ils ont le choix: soit engager deux fois plus de travailleurs, soit obliger ceux qui travaillent à produire deux fois plus. Aujourd'hui, c'est pratiquement toujours la deuxième solution qu'ils choisissent et imposent. Aujourd'hui, ils veulent doubler, tripler la «productivité». Demain, si vous avez bien appris dans leurs cours que l'augmentation de productivité sauvera leur entreprise, et votre emploi par la même occasion, vous accepterez de travailler quatre, cinq, six fois plus ou plus vite.

Vous payerez très cher leurs cours consacrés au «profit». Le profit, c'est le bénéfice qu'ils tirent de votre travail. Ils expliqueront que le profit sert à développer l'entreprise, à l'agrandir, à la moderniser, à engager d'autres travailleurs, à vaincre la concurrence. Ils expliqueront que le «profit» vous profite à vous. Ils cacheront soigneusement que les bénéfices qu'ils tirent de votre travail n'ont qu'une destination: développer toujours plus leurs bénéfices aux dépens des besoins sociaux de l'humanité.

Il y aura aussi des cours, payants bien sûr, sur la suprématie de l'entreprise privée. Ils y défendront que ce sont de «courageux et audacieux capitaines d'industrie» qui ont pris le risque considérable d'investir leur fortune personnelle en faveur du développement du monde moderne et du bien-être général. D'abord, ils ne diront pas d'où vient leur fortune personnelle. De l'Etat? D'un lointain ancêtre aristocrate? Du pillage des colonies? De la vente de matériel de guerre? De l'exploitation éhontée de la main-d'œuvre ouvrière au XIXe siècle? Ensuite ils tairont que les principales inventions qui ont permis le développement humain ont été découvertes et améliorées par des groupes humains restés anonymes. Comme sont restés et restent encore anonymes les ouvriers, les techniciens et la plupart des chercheurs qui améliorent leurs machines, en inventent de nouvelles, mettent au point de nouveaux produits. Enfin, ils cacheront soigneusement que, quand leur entreprise est en danger, ils pleurnichent dans les jupes de l'Etat et se font sauver, au nom de l'emploi, en recevant de fabuleux dons sous forme d'aides ou de commandes publiques.

Naturellement, ils vendront des cours d'économie. D'«économie de marché». Des cours dans lesquels d'éminents prix Nobel démontreront que tout doit se vendre et s'acheter et que les «lois de l'offre et de la demande» sont naturelles sinon divines. Que seules ces lois peuvent assurer un développement harmonieux de l'humanité. Et que le chômage, les crises économiques, la pauvreté et les guerres sont des «phénomènes» ou des «fléaux» naturels auxquels on ne peut rien, comme les raz-de-marée, les ouragans ou les tremblements de terre...

Ils se garderont bien d'expliquer que leurs crises économiques sont justement provoquées par cette économie où tout doit se vendre et s'acheter. Ils se garderont bien de reconnaître que ces crises n'ont rien de naturel. Jamais l'humanité n'a été en mesure de produire autant de biens qu'aujourd'hui. Mais c'est la crise parce que ces biens ne se vendent pas. Ils ne se vendent pas parce qu'un nombre croissant de femmes et d'hommes n'ont pas assez d'argent pour acheter l'indispensable.

Ils se garderont bien d'expliquer également que leur enseignement, privé et payant, aggravera les fractures dans la société et la sélection sociale. Entre ceux qui auront un bon travail bien rémunéré, ceux qui auront des emplois précaires et sous-payés et ceux qui n'auront pas de travail du tout. Que ce sera un enseignement plus sélectif et plus hiérarchisé. Destiné à préparer les jeunes à un «marché du travail» plus sélectif et plus hiérarchisé. A l'ère des «trente glorieuses»* (1945-1975), quand les patrons réclamaient une élévation générale des niveaux de formation, et après une période de transition d'une dizaine d'années, succède aujourd'hui une ère d'étirement des capacités, donc des niveaux de qualification requis: il faut des ingénieurs et des techniciens toujours plus «pointus», mais il faut aussi une masse croissante de «petits boulots» qui ne requièrent plus qu'une formation de base. Ils veulent vendre l'enseignement «pointu» et laisser à l'Etat le soin d'alphabétiser à peine, dans des écoles fourre-tout, les futures escouades de balayeurs, gardiens de parkings et nettoyeurs de bureaux.

Finalement, ils vendront même des leçons de démocratie (voir partie 8). Mais *leur* «démocratie» uniquement. Celle où les riches font les lois en se cachant derrière des politiciens qu'ils ont fait élire. Celle où les riches règnent sans partage en édifiant de beaux «palais de la nation» et de secrets ministères dans lesquels œuvrent des hommes et des femmes à leur dévotion. Ou à leur sujétion. Celle qui, quand le peuple se soulève, fait donner les armes, sans pitié, au nom de «l'ordre», l'ordre des riches. Celle qui fomente des coups d'Etat, installe des dictatures, finance, quand ils peuvent lui être utiles, les fascistes, les nazis et leurs frères intégristes. Celle qui déclenche des guerres pour «défendre la démocratie». Cette démocratie-là. Le pouvoir absolu des riches.

C'est donc ça qu'ils préparent activement aujourd'hui. S'approprier l'argent que les Etats, les parents et les étudiants consacrent à l'enseignement. Et vendre leur propagande et leurs mensonges en même temps que les seules matières qui leur sont utiles: les langues et certaines techniques industrielles et intellectuelles.

7
Apprendre

«Ce sont les ouvriers les plus instruits et qui gagnent le plus qui sont tout à la fois et les plus déréglés dans leurs mœurs et les plus dangereux pour la paix publique.»

Louis Adolphe Thiers[37]

Les patrons nous disent que nous devons «apprendre à apprendre» du «berceau au tombeau». Quel merveilleux objectif! Qui nierait qu'il est essentiel d'apprendre à apprendre? Qui refuserait d'apprendre tout au long de sa vie?

Déjà aujourd'hui, nous sommes des centaines de mil lions à apprendre le plus possible. Nous achetons des revues spécialisées d'histoire, de géographie, d'astronomie, de philosophie, d'archéologie, de botanique, de politique ou de sciences générales. Pour apprendre. Nous lisons des livres. Pour apprendre. Nous regardons des émissions de télévision, écoutons la radio, lisons des quotidiens. Pour apprendre. Nous visitons des musées, voyageons à l'étranger. Pour apprendre. Qu'un observatoire, un champ de fouilles archéologiques, une usine ouvre ses portes au public, nous sommes des milliers, ouvriers, employés, étudiants, jeunes et vieux, femmes et hommes, à faire la queue. Pour apprendre, apprendre et apprendre encore. Nous sommes des centaines de millions à apprendre ce qu'on ne nous a pas toujours appris à ap-

prendre à l'école. Si nous avons eu la chance d'avoir été à l'école.
Dès le berceau, l'enfant apprend. Il apprend à reconnaître des voix, des caresses, des sons. Il apprend à émettre lui-même des sons, à exercer sa voix, à parler en s'exerçant mille et mille fois. Il apprend à marcher, à toucher, à reconnaître. L'enfant veut apprendre. Parce qu'il aime apprendre. Et si on ne l'en dégoûte pas, il cherchera à apprendre plus et plus encore. Quel parent n'a pas fait l'expérience des interminables «pourquoi» et «comment» et «à quoi ça sert»? L'enfant apprend, de toutes les façons possibles, et en apprenant, il apprend aussi à apprendre. Puis, adolescent, puis, adulte, il continue. Il continue jusqu'à son lit de mort. Du berceau au tombeau, donc.

Alors, que nous veulent les patrons, les riches, en exigeant de nous ce que nous faisons déjà?

Ils veulent que nous apprenions ce qui *leur* est utile. Que nous n'apprenions *que* ce qui *leur* est utile.

La concurrence entre eux est féroce, les technologies évoluent rapidement, ils doivent mettre de nouveaux produits sur le marché, il faut donc que nous apprenions à utiliser les nouvelles technologies. Pour eux. Que nous apprenions à fabriquer les nouveaux produits. Pour eux. Et vite, vite, la concurrence n'attend pas! Et tout le temps, tout le temps, les nouvelles technologies n'attendent pas!

Et, comme l'enseignement est justement un de ces nouveaux «produits» qu'ils veulent mettre sur le «marché», nous devons apprendre à apprendre tout seuls. Chacun chez soi. Sans cesse. Sans trêve. Totalement isolé des autres. Apprendre, apprendre. Les nouvelles techniques, les nouveaux procédés de fabrication. Afin de fabriquer pour eux. Les langues, pour qu'ils puissent nous envoyer travailler là où ils veulent. Ou pour que nous puissions vendre leurs produits à l'étranger.

Et, comme ils doivent vendre le plus possible de leur nouveau produit «enseignement», nous devons nous convaincre qu'il faut apprendre, apprendre, acheter, acheter le plus possible de leurs cours payants. Nous devons être angoissés, culpabilisés à l'idée de ne pas avoir appris ce qu'il fallait, ce qu'ils vendent. Nous devons apprendre seuls. Isolés. En payant. Et rien d'autre que ce qu'ils veulent que nous apprenions.

Pour eux, l'enseignement gratuit, c'est fini. Ca doit être fini. Fini, l'école gratuite. L'école? Fini, l'école! Quoi? Vous voudriez que l'on conserve à grands frais ces lieux de rencontre, ces lieux où les jeunes peuvent se parler, confronter leurs expériences, dialoguer avec des adultes et bénéficier de leurs savoirs et de leurs expériences? Ces lieux où les idées progressent, s'échangent, fleurissent entre jeunes? Ces lieux où l'on peut voir, de ses yeux, et entendre, de ses oreilles, des enseignants s'enthousiasmer pour des idées autres que le profit, la compétition et la consommation d'objets? Et dont l'enthousiasme se transmet et commence à germer dans les têtes juvéniles au risque d'être gravement contagieux? Pensez-vous! Il faut fermer ces lieux dangereux. Au plus vite. Ou en réduire le nombre. Au plus tôt.

Bien sûr, tant qu'il n'y avait pas moyen de faire autrement, quand les technologies des communications n'étaient pas ce qu'elles sont aujourd'hui, on ne pouvait pas se passer de l'école pour former de bons travailleurs et dresser de bons citoyens. Il fallait les regrouper pour les éduquer. Nous n'allions tout de même pas payer un précepteur privé à chaque enfant. Donc, ll fallait des écoles. C'était parfois désagréable. Parfois, des professeurs enseignaient des choses non conformes. Comme l'histoire des révolutions et des soulèvements. Comme la philosophie matérialiste. Parfois les lycéens ou les universitaires échangeaient et utilisaient bizarrement leurs connaissances à l'abri des murs de leurs écoles. Puis, ils en sortaient et descendaient dans la rue. Ca faisait du grabuge. Mais tout rentrait rapidement dans l'ordre. On envoyait la police, faisait donner l'armée au besoin, et l'agitation prenait fin. Ou était matée. L'école, il fallait faire avec. Mais, aujourd'hui, on peut s'en passer. On peut éliminer radicalement le danger de voir gonfler de grandes marées d'intelligence et de révolte.

Bien sûr, on aura encore besoin des écoles primaires. Il faudra même les améliorer, c'est-à-dire leur donner plus d'argent. Pour dispenser les bases indispensables aux chères petites têtes, leur apprendre les langues et, surtout, avant tout, leur apprendre à apprendre. De manière à ce qu'elles puissent apprendre seules, à distance, le plus rapidement et le plus efficacement possible. On aura encore besoin d'écoles secondaires, mais avec des horaires allégés. Pour assurer le suivi. Et d'écoles techniques. Pour ceux qui n'ont pas appris à apprendre tout seuls et parce qu'il y a des savoirs et des pratiques manuelles qu'on ne peut acquérir et exercer que dans ces écoles-là.

Ils sont déjà parvenus à isoler les gens dans leurs automobiles. A les enfermer dans leurs logements devant leurs télés. Ils ont démantelé les grosses usines. Un des derniers bastions où les gens peuvent encore se rencontrer, se parler, s'unir c'est l'école. Ils fermeront les écoles!

L'école ne doit pas disparaître. L'enseignement gratuit et universel doit s'étendre. L'école doit devenir, plus encore qu'aujourd'hui, un lieu, un vivier où l'on se rencontrera, apprendra à réfléchir avec sa propre tête et ensemble. Un lieu collectif où l'on pourra se préparer à transformer le monde. Non à l'accepter tel qu'il est. L'école utilisera les nouvelles technologies, bien sûr. Les technologies modernes, inventées par l'homme, peuvent servir à améliorer le sort de l'homme et pas seulement à augmenter les profits de quelques-uns. L'informatique et les ordinateurs peuvent contribuer à améliorer les méthodes d'enseignement et d'apprentissage. L'école intégrera l'ordinateur, comme elle a remplacé l'ardoise et la touche par le cahier, comme elle a accepté le stylobille à la place du porte-plume et la calculette au lieu du boulier. Et les femmes et les hommes qui enseignent continueront à exercer le plus beau métier du monde. Transmettre le savoir et éveiller les consciences.

L'école d'aujourd'hui n'est pas parfaite, loin de là. Vous le lirez au chapitre suivant. Mais l'école démocratique est possible. Vous le découvrirez dans la partie 9.

8
Classes

A quoi sert l'école? Si l'on en croit les ministres et les patrons, l'enseignement obligatoire aurait, en gros, quatre fonctions.

Premièrement, disent-ils, l'école offre des chances égales à tous les jeunes et elle permet de corriger les inégalités sociales dues au hasard de la naissance. Grâce à l'école, le fils ou la fille de pauvres peut s'instruire et devenir l'égal du fils ou de la fille de riches.

Deuxièmement, l'enseignement permet à chacun de développer au maximum toutes ses potentialités. Grâce à l'école, certains épanouissent leurs talents artistiques ou littéraires, d'autres se découvrent une passion pour la médecine ou la technologie, d'autres encore voient éclore leur dextérité manuelle ou leur sens pratique.

Troisièmement, l'école doit faire en sorte que tous les jeunes puissent accéder à un emploi. Sans une bonne adéquation entre l'enseignement et les besoins des entreprises, des jeunes resteront sans emploi et des postes de travail resteront inoccupés.

Quatrièmement, on nous assure que l'enseignement permet de former des citoyens libres et responsables; des citoyens respectueux des institutions démocratiques et des valeurs fondatrices de leur pays.

Voilà ce qu'affirment les gouvernements et les patrons. Mais la réalité est bien différente. Voyons-le, point par point.

«Des chances égales pour tous», disent-ils. Le fils ou la fille d'ouvriers ou de chômeurs pourra-t-il/elle aussi facilement entreprendre des études universitaires qu'un enfant de médecin ou d'ingénieur? La fille/le fils d'un notaire risque-t-elle/il autant l'échec et le décrochage scolaire que celle/celui de petits agriculteurs ou de travailleurs immigrés? La réponse est non. En France, par exemple, l'Institut National des Statistiques a étudié le niveau de formation atteint par des jeunes d'origines sociales différentes.[38] Parmi les enfants de cadres, de médecins, de notaires ou de professeurs, 70 à 80% sont diplômés de l'enseignement supérieur et les 20 à 30% restants ont presque tous atteint le niveau du «bac». A l'autre bout de l'échelle sociale, il en va tout autrement. Chez les fils et les filles d'ouvriers, de chauffeurs ou d'employés du secteur public, on ne compte que 15 à 25% de diplômés de l'enseignement supérieur et près de 50% n'ont même pas atteint le niveau du «bac».

Il en est ainsi dans tous les pays capitalistes industrialisés, l'école n'égalise pas les chances. Au contraire, elle divise les enfants d'après leur origine sociale. Dans la plupart des pays, cette division est même inscrite officiellement dans les structures du système d'enseignement. Il n'y a pas une école unique, la même pour tous; il y a deux ou trois écoles nettement distinctes et hiérarchisées. En Allemagne, par exemple, l'enfant entre déjà en cinquième année primaire dans un «cycle d'orientation». Ainsi, dès l'âge de dix ans, une minorité de jeunes allemands, issus souvent de milieux privilégiés, sera préparée au «Gymnasium» (le lycée). Pour eux, c'est la voie toute tracée vers l'université. Les autres jeunes, ceux qui proviennent surtout de familles populaires, seront dirigés, au mieux, vers le lycée technique, au pire, vers la formation professionnelle qui les fera travailler en usine dès l'âge de quinze ans. Dans d'autres pays, comme la France, l'Italie, ou la Belgique, cette sélection sociale existe aussi, mais elle a lieu un peu plus tard.

Pourquoi nous dit-on alors sans arrêt que l'école offre des «chances égales»? Simplement parce que c'est très pratique pour nous faire croire que «réussir dans la vie» serait une question de mérite personnel. Que si l'école offre à chacun la même chance de réussite, il suffit de la saisir. A ceux qui seront demain les ouvriers d'usine super-flexibles et hyper-exploités, à ceux qui balaieront les rues des quartiers riches en échange d'un salaire de misère, à ceux qui construiront des maisons qu'ils ne pourront jamais acheter, à ceux qui, entre deux périodes de chômage, vendront des hamburgers, promèneront des chiens ou rangeront les caddies dans les hypermarchés, à tous ceux-là on pourra dire: «Vous avez eu votre chance, vous n'en avez pas profité; vous ne devez vous en prendre qu'à vous-mêmes, c'est uniquement de votre faute».

Pour la même raison – justifier les inégalités – on prétend que l'école permet à chacun de «développer toutes ses potentialités». Ici, ce n'est plus une question de mérite personnel, mais une question de dons, de capacités innées. Comme il y a les gros et les minces, il y aurait aussi les gens intelligents et les idiots; ceux qui sont doués pour le travail intellectuel et ceux qui sont habiles de leurs mains; les abstraits et les concrets; ceux qui sont nés pour diriger et ceux qui feront de bons exécutants.

En réalité, les «potentialités», les «capacités», les «dons», ça n'existe pas. Ou très peu. Chacun devient avant tout ce que la société, la famille, le hasard des rencontres et des expériences vécues font de lui. Si les enfants d'origine populaire réussissent moins bien à l'école que les autres, ce n'est pas parce qu'ils sont moins malins, mais parce que nos sociétés capitalistes n'ont tout simplement pas envie d'investir dans l'éducation les moyens nécessaires. Autrement dit, les riches ne veulent pas que leur Etat dépense de l'argent pour donner aux pauvres les moyens intellectuels de comprendre pourquoi ils sont pauvres et d'essayer d'en sortir. Il y a trop peu de professeurs, mal payés et insuffisamment formés, les classes sont sales et surpeuplées, le matériel didactique et les manuels sont souvent dépassés. L'école est donc obligée de se décharger d'une grande partie de sa mission sur les parents. Seulement voilà: tous les parents ne sont pas égaux. Les uns ont eu une haute formation, les autres pas. Les uns ont une bibliothèque à la maison, les autres pas. Les uns ont du temps, les autres pas. Les uns peuvent payer des cours particuliers et des tas d'activités culturelles à leurs enfants, les autres pas. La motivation des enfants pour étudier n'est pas la même non plus. Les uns savent qu'ils pourront faire des études universitaires, pour devenir architecte ou notaire comme papa ou maman. Les autres se demandent à quoi bon étudier des maths et de la grammaire puisque demain ils seront ouvriers ou chômeurs... comme papa ou maman.

L'école permet-elle à tous les jeunes de trouver un emploi? Il suffit d'ouvrir les yeux pour voir que ce n'est pas vrai. Bien sûr, lorsque 100 jeunes sont en concurrence sur le marché du travail, ceux qui ont les plus beaux diplômes ont davantage de chances de décrocher l'un des 80 emplois disponibles. Au détriment des 20 malheureux qui n'ont aucune formation. Mais même si tous les 100 avaient une qualification égale, il y aurait toujours 20 chômeurs.
Quand la Table Ronde des Industriels Européens affirme que *«les causes du fort taux de chômage en Europe sont à rechercher dans l'inadéquation et l'archaïsme de ses systèmes de formation»*,[39] il s'agit d'un mensonge délibéré.

Si les patrons réclament sans arrêt une meilleure adaptation de l'enseignement à leurs besoins, ce n'est pas par souci pour l'emploi, mais par souci pour leurs sous. Lorsque les entreprises ne trouvent pas exactement la main-d'œuvre qualifiée qu'elles recherchent, ça les oblige à supporter des frais de formation complémentaire. Cela retarde aussi le moment où ces nouveaux travailleurs seront productifs, donc cela freine la capacité d'adaptation de l'entreprise aux évolutions du marché. Au contraire, quand les patrons trouvent cette main-d'œuvre en grande quantité, ils peuvent faire la fine bouche: préférer un homme à une femme, parce qu'elle risque d'être enceinte; refuser celui qui n'a pas de voiture parce qu'il sera absent si les trains sont en grève; exiger dix ans d'expérience et la maîtrise de trois langues pour un travail très simple, on ne sait jamais. Surtout, cela permet de faire pression sur les salaires et les conditions de travail («Vous n'êtes pas content? Il y en trois cents autres qui attendent la place!») ou sur les lois sociales («Pour promouvoir l'emploi, Monsieur le Ministre, diminuez nos charges sociales»).

Dernier point: l'école prépare les jeunes à devenir des citoyens responsables, respectueux des valeurs et des institutions démocratiques de nos sociétés. Décidément, en ces temps de grands bouleversements économiques et sociaux, tous les patrons européens redécouvrent les vertus d'une bonne «éducation morale et civique» de la jeunesse. En Allemagne, dans les célèbres filières d'enseignement en alternance, où l'élève passe vingt heures par semaine à l'usine et reçoit huit heures de formation professionnelle théorique, on trouve le temps de caser, entre l'éducation physique et la langue maternelle, une heure de religion et une heure d'éducation politique!

Le mensonge, ici, est dans le contenu même de ces cours. Car il s'agit, ni plus ni moins, de faire accepter comme «démocratique» une société qui ne l'est nullement. Est démocratique, une société où tous les citoyens ont le même pouvoir. Or, qui pourrait sérieusement soutenir que l'employeur et l'employé, le directeur de banque et le chômeur surendetté, l'investisseur et l'ouvrier... ont le même pouvoir? Qui pourrait soutenir que l'employé – qui peut à tout moment être licencié – le chômeur – qui n'a aucun moyen de créer de l'emploi – ou l'ouvrier – auquel nul n'a jamais demandé s'il aimait travailler de nuit – ont un quelconque pouvoir? Les farces électorales, organisées à intervalles réguliers, peuvent difficilement prétendre faire contrepoids à l'arbitraire d'un employeur, aux diktats des financiers et à la toute-puissance des multinationales. Dans un monde où les baskets, le coca et la voiture tiennent lieu de symboles de liberté, on oublie un peu vite que, sur les 500 FF (3.000 FB) déboursés pour la paire de *Nike* qu'on porte aux pieds, moins d'un franc (6 FB) est allé dans la poche de l'ouvrier indonésien qui l'a découpée, cousue et ajustée; que cet ouvrier, vivant sous le joug d'une dictature militaire soutenue par l'«Occident démocratique», travaille 12 heures par jour en ne gagnant que 40 dollars par mois. Alors que les 13 membres du conseil d'administration de Nike, jouissant pleinement de la liberté que leur offre «la première démocratie du monde», les Etats-Unis, reçoivent environ 5,2 millions de dollars (31 millions de FF, 185 millions de FB) d'appointements par an.[40]

La véritable fonction de l'école est de permettre à notre société dominée par l'argent de se maintenir et de se perpétuer. Pour fonctionner, cette société a besoin de riches décideurs et de travailleurs exploitables: l'école doit donc sélectionner et former adéquatement les uns et les autres. Aux premiers, elle doit apporter de vastes savoirs, qui seront à la fois les instruments de leur pouvoir et le signe extérieur de leur supériorité; elle doit les doter des compétences nécessaires pour organiser, diriger, anticiper, juger; elle doit les armer de cette «fermeté de caractère» qui permet de faire passer toute considération humaine ou sociale loin après l'exigence première: le profit.
Aux autres, l'école doit apporter les savoirs et les compétences nécessaires pour en faire des travailleurs productifs, des citoyens passifs et d'ardents consommateurs de technologies modernes et de télévision débilitante. Ni plus ni moins. Pour eux, ce sera une formation de base flexible, centrée sur la maîtrise de la langue maternelle et du calcul, suivie éventuellement d'une spécialisation technique ou professionnelle. On leur inculquera également un peu d'esprit d'entreprise et d'esprit civique: le respect de l'Etat et du patron.

Il n'y a donc pas une école, il y en a deux. Il y a l'école des riches et l'école du peuple. Mais l'une comme l'autre sont au service des riches! Fondamentalement, le capitalisme* ne nous a pas fait avancer d'un pas depuis que Destutt de Tracy écrivait au début du XIXe siècle: *«Dans toute société civilisée, il y a forcément deux* *classes d'hommes, l'une qui tire sa subsistance du travail de ses bras, l'autre qui vit du revenu de ses propriétés ou du produit de certaines fonctions dans lesquelles le travail de l'esprit a plus de part que celui du corps... Les hommes de la classe ouvrière ont besoin du travail de leurs enfants; et les enfants eux-mêmes ont besoin de prendre de bonne heure l'habitude du travail pénible auquel ils se destinent. Ils ne peuvent pas languir longtemps dans des écoles. Il faut qu'une éducation sommaire mais complète en son genre leur soit donnée en peu d'années et que bientôt ils puissent entrer dans les ateliers ou se livrer aux travaux domestiques ou ruraux... Ceux de la classe savante au contraire peuvent donner plus de temps aux études: il faut nécessairement qu'ils donnent davantage car ils ont plus de choses à apprendre pour remplir leur destination. Voilà des choses qui ne dépendent d'aucune volonté humaine; elles dérivent nécessairement de la nature même des hommes et des sociétés... Concluons donc qu'il doit y avoir deux systèmes complets d'instruction qui n'ont rien de commun l'un avec l'autre.»*[41]

A bas l'école, alors? Non. Le système d'enseignement ne fonctionne heureusement pas exactement sur le schéma qu'on vient d'indiquer. Les technologies de plus en plus complexes nécessitent une main-d'œuvre de mieux en mieux formée. Ainsi, la formation initiale (l'école primaire et les premières années, communes, de l'école secondaire) s'est-elle constamment développée au cours du siècle dernier. Aussi, malgré la forte sélection, beaucoup d'enfants du peuple parviennent-ils aujourd'hui à poursuivre des études de haut niveau. Dans les années 1945-1975, les patrons ont laissé faire ce mouvement de «massification» de l'enseignement secondaire et supérieur. Ça les arrangeait assez bien dans un contexte de forte croissance économique. Mais aujourd'hui c'est la crise et ils estiment qu'on est allé trop loin. C'est pourquoi, dans toute l'Europe, dans tous les pays industrialisés et également dans les pays pauvres, on assiste à la privatisation de l'enseignement, à la diminution des dépenses publiques allouées à l'instruction, au renforcement de la division hiérarchique entre les filières d'enseignement et à une plus forte sélection à l'entrée des orientations des études les plus «nobles». C'est cette évolution qu'il s'agit à tout prix d'empêcher.

9
ECOLE

L'enseignement doit assurer un avenir à la jeunesse, dit-on. Un avenir? Mais quel avenir leur réserve ce monde dominé par le pouvoir de l'argent?

Les pays industrialisés connaissent des taux de chômage records permanents, que rien ne semble pouvoir atténuer. Ceux qui ont encore du boulot sont à peine mieux lotis. Partout on voit le développement d'emplois à bas salaires et à faible niveau de qualification. Instabilité financière, insécurité d'emploi, horaires éclatés, rythmes inhumains... tel est le lot commun des travailleurs.

Dans les pays dits riches, la misère progresse sans arrêt. Aux Etats-Unis, le pourcentage des enfants vivant dans la pauvreté est passé de 19% en 1974 à 25% en 1994. Au Royaume-Uni, ils étaient 9% en 1979, 18% en 1991. Près d'un tiers des Français, des Belges et des Hollandais disposent de moins de 10 $ (60 FF, 360 FB) par jour pour vivre.[42]

A l'échelle mondiale, le fossé entre les riches et les pauvres prend des proportions révoltantes. La fortune personnelle du patron de Microsoft, Bill Gates, dépasse le revenu total des 60 millions d'habitants du Niger, de l'Angola, du Mozambique, de l'Afghanistan et de la Guinée. Les 25 hommes les plus riches (et les plus puissants) des Etats-Unis possèdent davantage que ce dont dispose chaque année le demi-milliard d'hommes, de femmes et d'enfants habitant les 30 pays les plus pauvres.[43]

Le développement anarchique imposé par le capitalisme conduit l'humanité vers des tragédies alimentaires, climatiques et écologiques. Aujourd'hui, 1,4 milliard d'êtres humains n'ont déjà pas accès à l'eau potable[44] et les réserves s'épuisent à une vitesse incroyable. En 1950, les Etats-Unis disposaient de 37.200 mètres cube d'eau potable par habitant. En l'an 2000, ces réserves seront tombées à 17.500 m^3/habitant. En Amérique latine, on est passé de 105.000 m^3 à 28.300 m^3. En Afrique, de 20.600 m^3 à 5.100 m^3. En Europe, de 5.900 m^3 à 4.300 m^3. Les puissances industrielles ont déjà fait la guerre pour le pétrole et continuent de massacrer les enfants d'Irak afin d'assurer leur approvisionnement bon marché en «or noir». Demain, elles feront la guerre pour l'eau, pour la forêt, pour l'uranium, pour l'oxygène...
Souvent, les forces progressistes qui s'opposaient à l'impérialisme des pays riches ont été écrasées dans le sang, ce qui a favorisé le développement des formes les plus barbares d'intégrisme religieux et les nationalismes réactionnaires.
Un avenir, disiez vous?
Une petite clique de propriétaires super puissants domine le monde. La planète entière peut crever de faim, étouffer dans sa pollution, exploser de violence... Ils n'ont d'yeux que pour le taux de rende-

ment de leur capital*. La jeunesse ne peut rien attendre d'eux.

L'école qui prépare les jeunes à s'intégrer dans cette société décadente; l'école qui les transforme en main-d'œuvre productive pour augmenter encore la richesse des riches; l'école qui leur inculque que ce serait là de la démocratie; cette école-là, il faut la refuser.
Au contraire, l'école à laquelle nous aspirons, celle que nous appelons «l'école démocratique», doit apporter aux jeunes – à tous les jeunes! – les connaissances et les compétences qui leur permettront de prendre une part active à la transformation de ce monde injuste.

Et changer le monde, c'est d'abord le connaître et le comprendre. Sous toutes ses facettes. Il faut étudier l'histoire pour savoir que le pouvoir des classes dominantes n'est pas éternel. Il faut étudier les relations économiques et la science des statistiques pour connaître l'injustice sociale, son origine et ses mécanismes. Il faut savoir la géographie pour comprendre que la terre est riche si on veut bien l'exploiter judicieusement, qu'un développement durable est possible pour tous si on refuse le profit de quelques-uns. Il faut maîtriser les maths, les sciences, être au fait des grandes technologies, pour se rendre compte des réalisations superbes dont l'intelligence humaine est capable... et des catastrophes que peut produire son utilisation anarchique dans le système actuel. Pour agir, il faut que les exploités de demain sachent formuler clairement leurs idées, les propager, argumenter, débattre, dialoguer, convaincre... Ils devront maîtriser toutes les richesses de leur langue maternelle et des langues étrangères, les formes d'expression les plus variées et les outils de communication les plus sophistiqués.

Au lieu de diviser les élèves en filières, comme on tend à le faire de plus en plus, il faut les maintenir dans une «école unique». Aujourd'hui, on sépare ceux qui vont recevoir une formation générale (préparant aux études supérieures) de ceux qui reçoivent une formation technique ou professionnelle (préparant à un métier). Nous avons déjà vu que cette sélection servait à reproduire les inégalités sociales. Elle crée des filières «pour les riches» et des filières «pour les pauvres». Mais elle empêche aussi tous les jeunes d'accéder à un savoir complet. Les uns sont enfermés dans leur spécialisation, les autres ne reçoivent qu'une formation générale abstraite, coupée de la pratique. L'école doit au contraire assurer à tous les jeunes l'accès à un vaste et solide enseignement, à la fois général et polytechnique. Ceci interdit les spécialisations précoces. Jusqu'à l'âge de seize, voire dix-huit ans, les jeunes devraient tous recevoir un enseignement similaire (du moins pour l'essentiel).

L'école doit disposer de moyens matériels et humains suffisants. Si tous les enfants doivent suivre un même enseignement, il faut que tous reçoivent, dès l'école primaire, une préparation suffisante.

Les pays européens dépensent, en moyenne, 3.000 à 4.000 $ (18.000 à 24.000 FF, 100.000 à 150.000 FB) par an pour un élève de l'école primaire. En comparaison, la formation d'un «manager» dans une école de gestion privée coûte entre 15.000 et 25.000 $ (90.000 à 150.000 FF, 540.000 à 900.000 FB) par an.[45] Qu'est-ce qui est le plus difficile, qu'est-ce qui devrait nécessiter le plus de moyens et d'encadrement: inculquer des techniques de gestion à un cadre hypermotivé, ou bien instruire des enfants vivant parfois dans des conditions difficiles et qui en ont déjà souvent marre de l'école?
La formation des enseignants est insuffisante. Selon les pays, on devient instituteur en trois ou quatre ans. Il faut cinq ans, sept ans ou davantage pour faire un bon cadre commercial. Négocier un contrat, est-ce plus difficile qu'instruire un enfant?

Il suffit de constater l'état de délabrement sordide de la plupart des établissements scolaires et de le comparer au luxe arrogant des banques et des sièges de multinationales pour voir où sont, aujourd'hui, les priorités. Il suffit de comparer le salaire d'un enseignant et celui d'un cadre d'entreprise privée pour constater qui doit être «motivé» dans notre société. Les pays industrialisés dits riches, comme la France, la Belgique ou les Pays-Bas, consacrent seulement 5 à 6% de leur produit national* à l'instruction de la jeunesse. Alors que les revenus de la fortune, qui profitent surtout à une petite minorité, représentent 15 à 20% du produit national.[46]

L'école doit être publique. Nous avons déjà longuement indiqué, dans les pages précédentes, pourquoi la privatisation de l'enseignement était si dangereuse. L'enseignement privé sera le jouet des financiers et des industriels qui s'en serviront à leurs fins exclusives: produire de la main-d'œuvre soumise et bien adaptée à leurs besoins. L'enseignement privé sera de haut niveau pour ceux qui pourront en payer le prix et médiocre pour les autres. Or, les plans actuels du patronat européen prévoient la forme la plus radicale de privatisation de l'enseignement: la disparition pure et simple de l'école, au profit de réseaux d'enseignement à distance. Chacun n'accèdera plus que strictement aux savoirs et aux compétences qui lui seront nécessaires pour occuper, docilement, la place qui lui est réservée dans l'infernale machine capitaliste: vendeur de hamburgers ou technicien à la qualification hyperpointue, cadre dynamique ou employé soumis, exploité ou exploiteur.

Pour défendre l'école il importe, avant tout, aujourd'hui, de refuser la privatisation de l'enseignement.

10
Rue

Ecoutez, écoutez, à l'horizon immense,
Ce bruit qui parfois tombe et soudain recommence,
Ce murmure confus, ce sourd frémissement
Qui roule et qui s'accroît de moment en moment.
C'est le peuple qui vient...

Victor Hugo, Rêverie d'un passant[47]

Et malgré les menaces du maître
sous les huées des enfants prodiges
avec des craies de toutes les couleurs
sur le tableau noir du malheur
il dessine le visage du bonheur

Jacques Prévert, Le cancre

Les riches pensent aux enfants en termes de marché. Pour eux, il y a les enfants «solvables», ceux auxquels les parents peuvent offrir des cours payants et des écoles privées. Puis il y a les autres, les centaines de millions d'autres, les «insolvables», les «gamins des rues» comme les qualifiaient dédaigneusement autrefois les bourgeois. Les bourgeois, les riches d'alors, avaient très peur de ces gamins. Ils avaient peur de la rue.

Les nantis d'aujourd'hui ont toujours peur de la rue. C'est la rue qui charrie les foules mécontentes. C'est dans les rues que se dressent, épisodiquement, des barricades. C'est la fureur de la rue, quand elle est aux mains des foules, qui fait bouger les choses, qui fait trembler les possédants. Qui les chasse, parfois.

Trente ans après les révoltes de «mai 68» qui les avaient tellement effrayés, les riches préparent un projet barbare. Détruire l'enseignement public, instruire eux-mêmes ceux dont ils ont besoin et décérébrer le reste de l'humanité. Toute dictature tente de faire plier les esprits sous ses dogmes. Mais ici, aujourd'hui, un plan est mis en œuvre pour réduire totalement l'homme à une machine. Une machine à produire des richesses, encore plus de richesses, pour quelques-uns. Une machine à acheter, à ne consommer que ce qui est rentable. Pour quelques-uns.

Il faut s'insurger. Il faut y opposer une véritable insurrection. Nous devons nous informer, réfléchir, discuter, nous unir, nous organiser, rallier ceux qui pourraient se croire à l'abri ou ne pas se sentir directement concernés. Nous sommes tous concernés. Femmes et hommes, jeunes et vieux, sur la terre entière. Dans les universités, les écoles, les usines et les bureaux.

Ils ne se laisseront pas faire. Ils chargeront leurs gouvernements de nous calmer, de nous séduire, de nous tromper par d'habituels mensonges. Ils nous enverront leurs polices, leurs armées. Nous devrons résister. Et un jour, les chasser.

Nous devrons reconstruire l'école. En faire un lieu où l'on se rassemble. Pour apprendre. Pour échanger. Pour expérimenter. Pour découvrir, ensemble, qu'il y a d'autres mondes, dans nos têtes et dans nos vies, que celui que l'on veut nous imposer.

Mais nous ne pourrons construire cette école qu'en construisant un autre monde, un autre système. Un système qui ne soit plus centré sur le profit, la richesse de quelques-uns, au détriment de tous. Nous devrons détruire ce système qui, depuis qu'il existe, a provoqué misère croissante et guerres répétées.

Nous devrons établir un monde dans lequel les immenses richesses produites le soient pour tous, sans restriction, sans discrimination d'aucune sorte. Un monde où les usines, les bureaux, les écoles seront propriété de la collectivité humaine. Pour le bien de tous. C'est possible. Les nouvelles technologies, dont aujourd'hui se sont emparés quelques-uns pour s'enrichir, peuvent plus que jamais permettre à l'humanité de mettre en œuvre les moyens de production de manière planifiée et rationnelle pour répondre aux besoins des habitants de la planète terre.

Sans cesse, nous devrons reprendre nos livres. Y découvrir l'immense richesse des histoires et des savoirs humains. Pour dire non au monde que l'on nous fait aujourd'hui. Un monde noir de malheur. Et bâtir le monde de demain. Un monde de couleurs où existera enfin, pour tous, le plaisir d'apprendre.

11
Confirmation

Depuis la première publication de Tableau noir en juin 1998, tout est venu confirmer ce que nous dénoncions alors. A l'occasion de cette nouvelle édition, nous publions ici, brièvement commentées, les preuves que l'application de la stratégie de marchandisation est bien activement et massivement mise en œuvre dans le monde entier.

Mais d'abord, un avis qui nous avait échappé à l'époque, et qui vaut son pesant de cynisme. Il émane de Christian Morrisson, un des principaux responsables de l'OCDE en matière d'enseignement:
«Pour réduire le déficit budgétaire, une réduction très importante des investissements publics ou une diminution des dépenses de fonctionnement ne comportent pas de risque politique. Si l'on diminue les dépenses de fonctionnement, il faut veiller à ne pas diminuer la quantité de service, quitte à ce que la qualité baisse. On peut réduire, par exemple, les crédits de fonctionnement aux écoles ou aux universités, mais il serait dangereux de restreindre le nombre d'élèves ou d'étudiants. Les familles réagiront violemment à un refus d'inscription de leurs enfants, mais non à une baisse graduelle de la qualité de l'enseignement et l'école peut progressivement et ponctuellement obtenir une contribution des familles, ou supprimer telle activité. Cela se fait au coup par coup, dans une école

mais non dans l'établissement voisin, de telle sorte que l'on évite un mécontentement général de la population.»[49]

La Communauté française de Belgique a lancé, en 1996 déjà, deux sites éducatifs sur internet: Profor et Restode.[50] En janvier 1998, l'Université Catholique de Louvain, l'Université Libre de Bruxelles, l'Université de Liège et l'Université de Mons lancent une expérience d'apprentissage à distance appelée LEARN-NETT.[51] Aujourd'hui, l'Université de Liège entretient un laboratoire de soutien à l'enseignement télématique, LabSet, en étroite collaboration avec la Commission européenne.[52]

En mars 1998, David Noble, membre du Comité sur les systèmes d'information et les technologies du Sénat américain, publie un article sur les «Diplômes digitaux, la bataille de l'instruction en ligne et les accords confidentiels entre universités et sociétés privées»[53] dans lequel il révèle que l'Université de Californie UCLA a vendu, par contrat confidentiel, l'intégralité de ses cours à la société THEN (The Home Education Network) qui se propose de les vendre en ligne, que l'Université de Berkeley a conclu un accord confidentiel avec une filiale de AOL (America On Line) dans le même but et que la société Real Education Inc. a signé des contrats du même type avec une vingtaine d'Universités et de collèges, dont l'Université du Colorado, l'Université du nord de l'Illinois, la Rogers University et la Communauté des collèges du Colorado.

Fin mars 1998, dans les locaux d'IBM Deutschland à Stuttgart, le président du Conseil Fédéral du Patronat allemand, Dieter Hundt, s'en prend à «l'idéologie obsolète et erronée» de l'égalité dans le système éducatif allemand et réclame «un changement radical de cap vers un renforcement des performances, de la différenciation et de la concurrence». Le directeur d'IBM Deutschland présente à cette occasion le service IBM Global Campus, soit un assortiment complet de logiciels d'enseignement qui peuvent être vendus sur internet.[54]

Dans une publicité électorale publiée le 7 mai 1998 par les journaux francophones de Belgique, Philippe Busquin, président du Parti socialiste, déclare, sous le titre: *Pour un enseignement ouvert sur la réalité:* «Nous avons demandé et obtenu que l'ordinateur entre dans les écoles. Nos objectifs: étendre l'informatisation à l'enseignement fondamental.» Voilà donc le parti socialiste francophone de Belgique se vantant d'avoir répondu aux exigences du patronat.

Le 27 mai 1998, Edith Cresson, Commissaire européen à l'éducation, annonce que le budget alloué par la Commission européenne pour les programmes européens d'enseignement passeront de 72 milliards pour la période 1995-1999, à 120 milliards de francs belges pour la période 2000-2004. Le budget consacré à l'initiation à Internet des jeunes d'écoles primaires augmentera de 223%. Là encore, Madame Cresson répond diligemment aux mêmes exigences. Il s'agit de former les futurs internautes clients dès le plus jeune âge pour qu'ils consomment de l'enseignement marchand le plus vite possible.

En juillet 1998, l'Université d'Oxford annonce qu'elle va lancer, quelques mois plus tard, un programme de cours payants sur internet. Les premiers cours vendus seront des cours de médecine, d'informatique et d'histoire. Oxford a reçu, pour mener à bien cette opération, des fonds importants de la part de Paul Allen, le fondateur de Microsoft...[55]

Le 30 septembre 1998, le président de GATE (Global Alliance for Transnational Education), Glenn R. Jones, déclare à Paris, que: «Le potentiel économique de l'éducation est renversant. (...) Encore virtuellement ignoré au début de cette décennie, il fait maintenant l'objet d'études attentives de la part d'analystes qui suivent de près les offres, les fusions et les acquisitions dans le monde de l'éducation privée. (...) Nous avons là un des marchés les plus vastes et à la croissance la plus rapide, dans lequel les acteurs présents ne parviennent pas à répondre à la demande. (...) Les entrepreneurs voient l'éducation comme une opportunité d'entrer sur un vaste et attrayant marché. (...) La formation privée et l'industrie de l'instruction des adultes devraient connaître des taux de croissance à deux chiffres tout au long de la prochaine décennie et atteindre 50 milliards de dollars d'ici 2010.»[56]

Le 22 octobre 1998, la société privée Déjà News annonce sur Internet: «Notre société est à la recherche d'enseignants du niveau primaire pour participer à la création de logiciels d'accompagnement scolaire. Les prestations sont rémunérées en droit d'auteur.»[57]

Le 26 octobre 1998, on peut lire l'appel suivant sur le site France Télécom Education[58]:
«France Télécom Education recherche des enseignants intéressés pour collaborer au site FranceTelecom Edu ainsi qu'à de nouveaux projets dans le domaine de l'éducation.
– connaissant (assez bien, bien ou très bien) Internet;
– inventifs et imaginatifs.
– disponibles rapidement pour collaboration(s) ponctuelle(s) (dédommagement + frais de transport remboursés).
Si cela vous intéresse, merci de me répondre TRES VITE (une première réunion est prévue la semaine prochaine), en m'indiquant:
– vos coordonnées, nom et adresse mail, postale et surtout n° de téléphone (si nécessaire, précisez à quelle heure on peut vous appeler);
– la discipline et le niveau dans lequel vous enseignez (école, collège ou lycée?).
Bien cordialement,
Dominique Marty
France Télécom Education

Le site internet THOT (du nom du dieu égyptien de la sagesse) offre déjà, en 1998, pas moins de 7.152

«produits» (cours) en langue française. Ce site donne aussi des informations sur les nouvelles technologies de l'éducation. Un article du 10 novembre 1998 a pour titre: «Incursion dans le monde de l'éducation à domicile.»[59]

Le quotidien belge *Le Soir* titre en première page de son supplément emploi, le 1er novembre 1998: «Nous serons tous télétravailleurs».
Le 13 novembre 1998, il titre en première page: «Bienvenue dans la cyberécole» et dans son supplément *Eco Soir* du même jour: «Un PC dans le cartable» chapeaute quatre pages consacrées aux vertus des didacticiels.

Libération consacre un dossier, le 27 novembre 1998, à l'enseignement en ligne en France. Titres: «Les sites d'aide scolaire se multiplient». Apprentissage de méthodes de travail, préparation d'exposés, correction de devoirs.
Extraits: «Une nouvelle façon de travailler à la maison? Depuis la rentrée scolaire, les opérateurs et autres éditeurs sont de plus en plus nombreux à se bousculer au portillon de la sortie des classes, et à proposer des sites, vivants, ludiques et pédagogiques, sur lesquels se connecter en rentrant à la maison.
En France, 1 million de foyers sont connectés et 25% ont des enfants susceptibles d'être intéressés.
"Il y a deux ans que l'on réfléchit là-dessus", explique ainsi Christine Bridelle, directrice générale adjointe de France Télécom Multimédia.

L'utilisateur d'un site parascolaire doit souscrire deux abonnements: l'un à un fournisseur d'accès pour se connecter à l'Internet, l'autre auprès du site choisi. (apreslecole.fr.) Ce site propose un coffret d'abonnement, pour trois mois, à 129 F. Ensuite, le forfait mensuel s'élève à 40 F.
Car, derrière chaque écran, on retrouve instits et professeurs qui travaillent après leurs cours (pour Nathan-Entraînement), à mi-temps parfois (pour @près l'école), qui font partie des Cours privés Legendre avec lesquels Hachette avait passé contrat.
Les grosses structures technologiques qui explorent ces marchés, sont France Télécom, Vivendi, Lagardère, Hachette Multimédia-Education...»

En novembre 1998, le secrétariat de l'OCDE publie: «Les technologies du XXIe siècle». On peut y lire: «Tous les services d'intérêt collectif, notamment l'enseignement, la santé, les diverses formes de protection sociale, ainsi que les transports et les communications, entre autres exemples, sont transférés à la sphère marchande du secteur privé. (...) Les secteurs en plein essor de la santé, de l'enseignement et de l'assurance étant aux mains d'entreprises privées, les contraintes budgétaires du secteur public devraient diminuer, d'où une baisse des taux d'intérêt et, de ce fait, des charges financières moindres pour les investisseurs privés.»[60]

Dans un numéro spécial des *Dossiers de l'Audiovisuel* publié en juillet 1999 par l'INA (Institut National de l'Audiovisuel)[61] consacré à l'industrie du multimédia éducatif, Pascal Colombani, directeur de la Technologie au ministère de l'éducation nationale (France), écrit: «Au-delà des produits et des services, c'est la place de la France et de l'Europe dans cette nouvelle industrie de la connaissance qui est posée. (...) Il importe d'assurer à notre pays les conditions favorables à l'essor de cette industrie. (Notre rôle) est de concilier deux logiques: celle de l'enseignement, avec un contenu et une rigueur pédagogiques, et celle de l'industrie du multimédia, soumise à une rigueur d'entreprise et une rigueur commerciale. (...) Il nous faut discuter avec nos partenaires industriels, les aider à comprendre le marché.»

Dans la même publication, Roberto Carneiro, ancien ministre portugais de l'Education, devenu «consultant international», écrit: «Le marché de l'éducation est désormais une cible des groupes industriels. (...) La compétition qui, à terme, pourra entraîner des avantages pour le client-étudiant, va donc s'établir entre des consortiums constitués autour des acteurs traditionnels du monde de l'éducation et d'autres qui vont se créer autour des grandes marques commerciales. (...) Il faut envisager la consolidation de grands groupes industriels, capables de jouer un rôle déterminant dans le marché global des produits et des services multimédia pour l'éducation.»

Le 29 septembre 1999, à Melbourne: ouverture de la conférence «Accès ou exclusion, le commerce trans-

national des services d'éducation», organisée par l'UNESCO (!) et l'OCDE.
Le 1er novembre 1999, Thot publie «une étude comparative de sept plates-formes de téléformation, réalisée par une équipe d'experts». Cette étude montre que toutes ces formations sont payantes.[62]

En novembre 1999, une étude citée par la Canadian Wireless Communication Association montre que 73% des jeunes ayant entre 18 et 24 ans croient qu'il est important d'être à la fine pointe de la technologie. CWCA estime que «leur préparation en tant que consommateur (d'enseignement payant) passe par l'école».[63]

En décembre 1999, l'institut BELL, qui offre de la formation en ligne à ses employés, estime que pour une «clientèle» de 200 apprentis, l'économie annuelle, par rapport aux formations traditionnelles, est de 160.000 US$, soit 800 US$ par apprenti, soit une réduction des coûts de 40%.[64]

En décembre 1999, Rupert Murdoch, magnat mondial de la presse, négocie avec des universités américaines, anglaises, chinoises, canadiennes, australiennes et néo-zélandaises pour vendre leur cours sur son réseau Worldwide Learning.[65]

Début février 2000, le constructeur automobile Ford annonce qu'il va donner un ordinateur à chacun de ses 320.000 ouvriers et employés dans le monde, avec accès partiellement gratuit à Internet. A charge, pour eux, de se recycler à leurs frais et chez eux pendant leurs heures de loisirs.

Le dimanche 6 février 2000, pour tenter de mettre fin à dix mois de grève des étudiants de l'Université nationale autonome de Mexico (UNAM), 2.200 membres de la Police Fédérale Préventive (PFP) ont envahi, à six heures du matin, les installations universitaires et ont arrêté 750 personnes.
Cette grève, avec occupation, a commencé le 20 avril 1999. La PFP, sur ordre des autorités gouvernementales et judiciaires, a violé la charte d'autonomie de la plus grande université d'Amérique latine (270.000 étudiants régulièrement inscrits, plus 70.000 autres, plus 60.000 membres du personnel) en faisant résonner ses bottes sur le campus, comme en 1968. Les étudiants veulent ni plus ni moins que l'éducation reste publique et gratuite à tous les niveaux. Ils veulent renforcer le caractère démocratique et autonome des universités vis-à-vis de l'Etat et des milieux d'affaire. Le 9 février, deux cent mille personnes manifestent dans les rues de Mexico pour exiger la libération des prisonniers. Ouvriers et paysans mexicains se joignent au mouvement.

Le 4 octobre 2001, le bureau d'avocat canadien Gottlieb & Pearson publie une étude dans laquelle il estime que l'AGCS (Accord général sur le commerce des services) «met en péril le système d'éducation publique du Canada» et souligne qu'aucun niveau (primaire, secondaire, supérieur, universitaire et formation pour adultes) ne devrait y échapper.[66]

L'AGCS, signé en avril 1994 à Marrakech par les ministres de 124 pays (dont la Belgique et la France), prévoit que les gouvernements signataires devront allouer des subsides aux sociétés d'enseignement privées établies sur leur territoire sur les mêmes bases qu'ils le font pour leurs institutions d'enseignement public. S'ils refusent, ils peuvent se voir interdire le versemement de tout subside à leur enseignement public...[67]

La Commission européenne, qui négocie l'AGCS pour les quinze Etats membres de l'Union européenne, a déjà accepté aujourd'hui la libéralisation totale de la «consommation extérieure» (usage de l'Internet) et la présence commerciale d'opérateurs privés du secteur de l'enseignement sur le territoire de tous les Etats membres, pour l'enseignement primaire, secondaire, supérieur, universitaire et pour adultes.[68]

Dans un «document de travail» intitulé «Learning: Penser l'éducation de demain», publié à Bruxelles, le 21 février 2002, la Commission européenne écrit en introduction:
«Des études récentes révèlent que l'éducation et la formation figurent en première place des services en ligne pour lesquels les citoyens européens sont prêts à s'acquitter d'un droit d'utilisation, loin devant les services de commerce électronique.»

Puis, plus loin: «Les entreprises accordent une plus grande priorité aux réductions de coûts et aux programmes d'éducation et de formation flexibles organisés au moment le plus opportun, qui responsabilisent les travailleurs et leur inculquent les aptitudes et compétences nécessaires pour faire face aux besoins versatiles des entreprises. Dans ce contexte, l'apprentissage électronique se révèle une solution très prisée et peu coûteuse (par exemple, jusqu'à 60% des besoins de formation des principaux intervenants du secteur des TIC sont désormais couverts par l'apprentissage électronique) et les "universités d'entreprise" comptent parmi les acteurs les plus avancés dans ce domaine.»

Et, enfin: «Le marché des contenus de l'apprentissage électronique doit être développé - le marché des services et produits d'apprentissage électronique de qualité doit être soutenu afin qu'il puisse se développer de manière durable.»[69]

On le voit, l'Organisation mondiale du commerce (OMC) et la Commission européenne mettent les bouchées doubles pour marchandiser le plus rapidement possible tous les secteurs de l'enseignement. Pour contrôler et mettre fin aux agissements de ces deux organisations éducacides, nous ne pouvons que vous recommander d'aller visiter régulièrement les sites de l'APED (Appel pour une école démocratique) <http://users.skynet.be/aped/> et de l'Internationale de l'éducation <http://www.ie-ie.org>.

Glossaire

Pour mieux comprendre le langage et débusquer les mensonges des riches, des patrons et de ceux qui les servent.
Les mots ou locutions marqués d'un * dans le texte renvoient à ce glossaire.

Apprentissage à vie («du berceau au tombeau»): Il y a quinze ans, on estimait encore que les connaissances apprises à l'école primaire, puis à l'école secondaire générale ou technique et à l'université restaient valables et utilisables toute une vie et qu'elles constituaient un socle solide auquel il fallait ajouter quelques bribes de nouveauté pour se tenir à jour. Mais l'émergence de la crise, de la guerre concurrentielle et des nouvelles technologies a changé cela. Aujourd'hui, les patrons estiment que les connaissances que doivent posséder leurs travailleurs, pour leur être utiles, ont une «durée de vie» de plus en plus courte. Ils l'estiment à une quinzaine d'années. Ce ne sont, bien sûr, que les connaissances dont nous devons disposer pour travailler dans leurs usines et augmenter leurs profits. Pas les connaissances dont nous avons besoin, nous, pour mener notre vie. Ils veulent donc que nous passions notre vie à apprendre ce qui leur est utile, ce qui fait de nous de bons travailleurs dans leurs usines. En outre, si nous devons leur payer notre apprentissage perpétuel, nous les enrichissons encore plus.

Barèmes salariaux: Montants des salaires convenus entre patronat et salariés (en général par négociations patronat-syndicats, avec ou sans l'intervention du gouvernement). Ces montants sont fixés sur base des qualifications des salariés, de leurs diplômes, de leur ancienneté et du secteur industriel dans lequel ils travaillent (sidérurgie, constructions métalliques, agroalimentaire, construction, etc.). Si les diplômes nationaux disparaissent, les patrons ne seront plus tenus de respecter les barèmes établis sur base des qualifications reconnues des salariés.

Budget de l'Etat: Somme d'argent que l'Etat consacre à une activité qu'il exerce ou fait exercer par d'autres. L'enseignement par exemple. Depuis quelques années, les Etats cherchent à réduire leurs dépenses, leurs budgets consacrés à l'enseignement, aux soins de santé, à l'aide aux pauvres. Ils font cela parce que les riches exigent que les Etats leur prennent moins d'argent (moins d'impôts) et leur en donnent plus.

Capital: Argent placé par quelqu'un (il est alors propriétaire ou capitaliste) dans une entreprise pour que celle-ci lui produise des revenus. Cet argent sert surtout à acheter les terrains, les bâtiments et les machines. Ce sont les ouvriers, employés et cadres qui feront tourner l'entreprise, pas le ou les propriétaires. On peut être propriétaire d'une ou plusieurs entreprises en achetant des «actions» de cette ou de ces entreprises. L'ensemble des actions d'une entreprise constituent son capital. Une entreprise peut avoir beaucoup de propriétaires (actionnaires). La plupart des propriétaires ne possèdent que des parties d'entreprises (ils ne possèdent pas toutes les actions).

Capitalisme: Voir **Economie de marché**

Chiffre d'affaires: C'est le montant total, en monnaie, des ventes effectuées par une entreprise. Il peut être calculé sur trois, six ou douze mois. A ne pas confondre avec le bénéfice (le profit). Le bénéfice est la différence entre le prix de vente et le prix de revient.

Commission des Communautés européennes (ou **Commission européenne**)**:** La Commission des Communautés européennes a été créée en 1957 par le traité de Rome. Elle était chargée du contrôle de l'application de plusieurs traités: le traité créant la CECA, Communauté Européenne du Charbon et de l'Acier, le traité CEE, instituant la Communauté Economique Européenne, le traité CEEA, relatif à la Communauté Européenne de l'Energie Atomique et d'autres traités de moindre importance. Au début des années soixante, elle limitait son rôle à ce pourquoi elle avait été créée, on disait d'elle qu'elle était la «gardienne des traités». Aujourd'hui, elle a fortement accru son pouvoir, allant jusqu'à jouer un rôle que les traités lui interdisent. Se plaçant souvent au-dessus des quinze Etats membres de l'Union européenne auxquels elle est en principe soumise, elle est devenue un instrument essentiel et une alliée inconditionnelle du patronat européen.

Compétition: Quand plusieurs personnes cherchent, au même moment, à obtenir quelque chose qui n'existe pas en quantité suffisante pour elles toutes, elles se mettent en compétition. Des entreprises, dans la même situation, sont également en compétition. On dit alors qu'elles sont en **concurrence**. On peut être également en compétition avec d'autres, quand on veut plus qu'eux. Plus de points et de médailles pour un sportif. Plus d'argent. Plus de nourriture. Plus de clients. La compétition est présentée par les riches comme un fondement de la société. Ils disent qu'ils sont riches parce qu'ils ont gagné la compétition de la vie. Parce qu'ils ont été plus malins, plus courageux ou plus forts. Ils affirment que si une entreprise bat d'autres entreprises, en les faisant tomber en faillite par exemple, c'est parce qu'elle vend de meilleurs produits et moins cher qu'elles. Non seulement c'est loin d'être vrai, mais la compétition fait toujours des victimes et dégénère toujours en chaos.

Concurrence: C'est un synonyme de compétition. On l'utilise plutôt quand ce sont des entreprises qui sont en compétition. On dit: «des entreprises concurrentes». L'économie de marché, appelée encore économie capitaliste, est notamment fondée sur la concurrence entre entreprises. Cette concurrence provoque de l'anarchie, du gaspillage, des **crises économiques** régulières ou même des guerres. En témoignent les innombrables crises et guerres depuis l'instauration, à grande échelle, du capitalisme il y a deux siècles.

Contrat d'emploi (ou contrat de travail): C'est la convention, en général écrite et signée par les deux parties, qui lie un salarié à son employeur. Le contrat de travail précise en général les tâches que devra accomplir le salarié, le salaire qu'il recevra en échange, le lieu où il doit exercer son travail, le nombre d'heures qu'il devra lui consacrer par jour ou par semaine et la période couverte par le contrat. En fait, le contrat de travail est un contrat de vente. Le salarié vend ses capacités de travail à son employeur qui lui en paie une partie pour assurer sa subsistance. Dans le système féodal, le serf savait exactement combien de temps il travaillait pour le seigneur («l'employeur» de l'époque) et combien de temps il travaillait pour lui-même. Il travaillait une partie du temps sur le domaine du seigneur et une partie du temps sur sa propre parcelle de terre. C'était visible. Aujourd'hui, le salarié ignore pratiquement toujours le temps exact qu'il passe à assurer un bénéfice à son employeur et le temps qu'il consacre à assurer sa propre subsistance. Ce n'est jamais indiqué sur sa fiche de paie. Le patron, par contre, sait exactement ce que lui rapporte l'exploitation du travail de ses salariés.

Croissance: On parle de la croissance économique d'un pays ou d'un ensemble de pays quand sa richesse ou leurs richesses (**Produit national**) augmentent.

Dans le système d'économie de marché, dit capitaliste, la croissance de la richesse d'un pays n'entraîne pas nécessairement la croissance de la richesse individuelle ou des revenus des habitants de ce pays. Ce sont, la plupart du temps, les seuls riches, les capitalistes, qui en bénéficient. On parle de la croissance d'une entreprise quand son chiffre d'affaires s'accroît. Quand le profit qu'elle génère augmente. Ce qui ne veut pas dire que les salaires de ses employés augmentent. Presque toujours, ce sont les seuls propriétaires de l'entreprise, ceux qui y ont mis du capital, qui s'enrichissent.

Délocaliser: Déménager une entreprise ou une production, entièrement ou partiellement, pour l'installer dans un pays où les salaires sont peu élevés, les impôts sur les bénéfices des entreprises réduits, les syndicats faibles, inexistants ou interdits. Dans le secteur des services, les patrons délocalisent de plus en plus en recourant à la sous-traitance par télécommunications. Des éditeurs font dactylographier des livres et les font mettre en page dans des pays où les salaires sont des dizaines de fois moindres, des compagnies aériennes font encoder les réservations des passagers en Inde, etc.

Déréglementation: Les règlements sont des actes émanant d'une administration publique. Ils ont le même effet qu'une loi, mais ne s'appliquent en général qu'à un domaine: le téléphone, par exemple, ou la circulation aérienne. Ils dépendent souvent d'une loi qui en fixe le cadre. Des lois et des règlements organisaient l'exploitation des compagnies de téléphone et des compagnies aériennes dans le monde entier jusque dans les années 80. Leur suppression progressive (déréglementation) a permis de vendre les compagnies de téléphone et les compagnies aériennes à des patrons privés. La déréglementation de l'enseignement risque d'aboutir au même résultat.

Didacticiel: Programme informatique, logiciel, spécialement conçu pour enseigner sur ordinateur. Ces programmes sont «didactiques», d'où le nom de «didacticiels». Mis au point par un petit groupe d'enseignants et d'informaticiens, un didacticiel peut être utilisé par des millions de personnes et peut rapporter gros. Les didacticiels ne se contentent pas de présenter une matière, ils posent des questions à ceux qui les utilisent et peuvent donc mesurer l'acquisition des connaissances, leur restitution et leur utilisation. Certains d'entre-eux peuvent distribuer des bons ou des mauvais points. Ce sont ces derniers didacticiels qui «créditeront» la «carte de compétences» sur laquelle comptent les patrons pour se passer de diplômes.

Discipline du marché: On sait que le «marché», dans l'économie de marché ou capitaliste, est largement anarchique. Il est l'objet de crises, de soubresauts, de déprimes, d'emballements, de tassements ou de surchauffes. Pour tenter d'atténuer ces mouvements désordonnés (et souvent imprévisibles), les économistes, qui en sont partisans, essayent de le «discipliner» en édictant des règles ou des lois. Cela ressemble fort aux rodéos au cours desquels des cow-boys essayent de maîtriser des chevaux dressés pour les jeter bas. Le cow-boy, c'est l'économiste, le cheval c'est le marché. Quand le cow-boy parvient à tenir quelques millièmes de seconde de plus que les autres, il gagne un prix. Quand l'économiste se vante de pouvoir discipliner le marché, il remporte un prix Nobel.

Droits d'auteur: Les droits d'auteur, dits encore «droits intellectuels», sont ce qui permet de vivre à un artiste, un écrivain, un cinéaste, un inventeur. L'éditeur d'un livre, par exemple, doit reverser une partie de l'argent que lui rapporte la vente du livre à l'écrivain qui l'a écrit. Il arrive de plus en plus souvent que les «auteurs» d'un «produit» intellectuel, comme un logiciel, soient les employés d'une entreprise. Dans ce cas, c'est l'entreprise qui est propriétaire des droits d'auteur et c'est elle qui perçoit les droits (l'argent) issus de la vente du logiciel. Ces droits peuvent être extrêmement élevés et se monter à des milliards de francs.

Economie d'échelle: Pour un patron, produire le plus possible, à moindres frais, pour le marché le plus grand possible. C'est-à-dire fabriquer le plus de marchandises possibles, avec les mêmes machines et le moins possible de travailleurs, pour le plus grand nombre possible de clients.

Economie de marché (ou économie capitaliste): Système économique dans lequel tout ce qui est produit doit se vendre pour rapporter de l'argent aux propriétaires d'usines, de banques et de bureaux. S'il n'y a pas assez d'acheteurs pour les produits fabriqués, le système entre en crise. Aujourd'hui, les usines peuvent produire plus que ce que l'humanité n'a jamais connu. Mais la moitié de la population du monde n'a pas, ou pas assez, d'argent pour acheter. Les usines doivent donc renvoyer leurs travailleurs, fermer, ou faire la guerre concurrentielle aux usines qui fabriquent la même chose pour leur chiper leurs clients. Ce système est appelé système capitaliste. Au début de l'ère capitaliste, c'est-à-dire au début du XIXe siècle, certains théoriciens, conscients que ce système était une grande loterie pouvant provoquer beaucoup de misère, affirmaient qu'une «main invisible» (la main de Dieu) redistribuerait les richesses de manière que tout le monde puisse acheter ce dont il a besoin. Depuis, le nombre de pauvres n'a cessé de croître, les riches sont devenus de plus en plus riches et les guerres concurrentielles ont fait des dizaines de millions de morts. Les riches aiment aussi appeler l'économie de marché «économie libérale», pour faire confusion avec liberté. Cette liberté n'est que leur liberté de devenir plus riches en faisant des autres leurs esclaves. Voir aussi **Marché global.**

Excellence: Pour accroître les profits que leur procure le travail de leurs employés, les patrons ont inventé une nouvelle notion: l'excellence. Ce sont, bien sûr, leurs employés qui doivent être «excellents». Pour être excellent, il faut que la production n'ait aucun retard, aucun défaut, aucune panne. Comme les patrons exigent aujourd'hui que leurs employés travaillent dans des conditions de plus en plus pénibles et de plus en plus vite, la qualité du travail s'en ressent. Un des moyens de conserver une certaine qualité au travail est donc d'imposer l'obligation d'«excellence» aux travailleurs.

Experts: Voir **Voix autorisées**

Fibres optiques: Jusque dans les années 80, la plupart des messages téléphoniques étaient véhiculés sous forme d'impulsions électriques, par des fils de cuivre. On découvrit alors qu'on pouvait transporter ces messages dans des fibres de verre (fibres optiques) sous forme de rayons lumineux. Cela permet de transporter plus de messages à la fois et pour un coût réduit.

Flexibilité: Dans la plupart des pays industrialisés, les luttes ouvrières de la première moitié du XXe siècle ont imposé la semaine des quarante heures et la journée de huit heures de travail. Dans le cadre de la guerre concurrentielle qu'ils se mènent depuis une trentaine d'années, les patrons ont réduit les stocks de ce qui est fabriqué dans leurs entreprises au strict minimum. Conséquence: quand il y a beaucoup de clients, il faut produire beaucoup et très vite (pour que le client ne s'adresse pas à la concurrence) et quand il n'y a pas beaucoup de clients, il faut réduire la production. Donc, ouvriers et employés doivent tantôt travailler beaucoup, tantôt peu ou très peu et même, parfois, pas du tout. Et tous les gouvernements des pays industrialisés ont cassé les lois qui imposaient la semaine de quarante heures. On peut donc très bien, aujourd'hui, travailler soixante heures ou plus en une semaine, et pas une seule heure la semaine suivante. Mais flexibilité ne veut pas seulement dire travailler quand le patron l'exige. Il faut aussi le faire où et comme il l'impose. A plusieurs centaines de kilomètres de chez soi, par exemple, et la nuit.

Information: Société de l'information, Réseaux d'information, Autoroutes de l'information

Pour nous, l'information, c'est en général ce que nous lisons dans les journaux, entendons à la radio ou voyons à la télévision. Pour les patrons, c'est uniquement les «informations» qui les intéressent pour faire plus d'argent. Par exemple, les cours des Bourses, la valeurs des monnaies (taux de change), les prix du pétrole, la situation de leurs concurrents, etc. Depuis les années 80 et les gigantesques progrès qu'ont fait les technologies (dans l'informatique et les télécommunications), ils peuvent spéculer 24 heures sur 24, dans le monde entier, et amasser des fortunes sans bouger de leurs fauteuils. Quand ils parlent de «société de l'information», c'est, bien sûr, à cette information-là qu'ils pensent. Mais ils nous font croire qu'il s'agit de l'information qui peut nous être utile pour participer à la démocratie. Par exemple, ils ne pensent pas à Internet comme à un moyen de faire mieux circuler l'information qui pourrait nous être utile, mais comme à un nouveau moyen de faire du commerce et de se faire concurrence (télé-achat), un moyen d'exploiter plus encore les travailleurs (télétravail) et un merveilleux moyen de nous endoctriner tout en se remplissant les poches (téléenseignement).

Libéralisation: Détruire les législations nationales et les traités ou accords internationaux qui limitent la «liberté» d'agir des grands patrons. Par exemple, la libéralisation du marché des télécommunications a consisté à abolir toutes les lois nationales qui permettaient à un Etat de gérer, seul, sa propre compagnie de téléphone. Ainsi, depuis le 1er janvier 1998, plus un seul Etat de l'Union européenne ne peut interdire à une compagnie de téléphone étrangère de venir s'établir sur son territoire. La libéralisation consiste aussi à faire disparaître les droits de douane (taxes à l'importation) par lesquels un pays peut protéger son marché intérieur (et donc son industrie et son développement) des produits étrangers. Les pays industrialisés riches d'aujourd'hui, qui exigent la «libéralisation» du monde entier pour augmenter les profits de leurs industriels, ont été les pays les plus protégés par des droits de douane et des lois à l'époque du développement de leurs propres industries (au XIXe siècle et au cours de la première moitié du XXe siècle). Ce qui était bon pour les industriels du Nord hier est devenu aujourd'hui mauvais pour les mêmes industriels. Ils veulent être totalement libres de vendre et faire ce qu'ils veulent dans les pays plus faibles ou en développement. C'est une nouvelle colonisation.

Loi de l'offre et de la demande: Une des «lois» essentielles de l'économie de marché, du capitalisme. L'offre, c'est ce que les usines produisent, les marchandises qu'elles essayent de vendre sur le marché. La demande, ce sont les possibilités qu'ont les clients de demander et recevoir ces marchandises en payant. Plus il y a de clients, plus les propriétaires d'usines s'enrichissent. Mais si le nombre de clients diminue et que l'usine continue à produire des marchandises qui ne se vendent plus, c'est la crise. Nous avons mis «lois» entre guillemets, parce que ce ne sont pas des lois scientifiques, que l'on peut expérimenter en obtenant toujours le même résultat. Les propriétaires, les riches, les patrons et ceux qui les servent les appellent lois parce qu'ils veulent faire croire que ce sont des lois scientifiques, ou des lois de la nature. Mais ils édictent des lois pour imposer leur «loi» de l'offre et de la demande. Et chargent les tribunaux de les faire respecter.

Marché: Voir **Economie de marché**

Marché global: Depuis que les entreprises se font concurrence dans le monde entier pour essayer de se prendre mutuellement les clients les unes des autres, les riches parlent de «marché global», comme le globe terrestre... (Voir aussi **Libéralisation**)

Modem: acronyme de modulateur-démodulateur. Système permettant d'adapter un canal analogique à un canal numérique. Plus simplement, c'est le dispositif qui permet de transmettre sur une ligne téléphonique adaptée pour le transport de la voix (analogique) des données émises par un ordinateur (numériques). Le modem permet le dialogue entre deux ordinateurs par de banales lignes téléphoniques.

Mondialisation: On parle de «mondialisation de l'économie» depuis que, pour sortir de la crise commencée en 1973, les grandes entreprises se sont lancées dans une guerre concurrentielle sur tout le globe. Non seulement elles cherchent à prendre la clientèle de leurs concurrentes dans tous les pays où c'est possible, mais elles déménagent de plus en plus des pans entiers de leurs usines dans des pays où les salaires sont très inférieurs à ceux de leur pays d'origine (voir **Délocaliser**). En fait, la «mondialisation» existait déjà avant 1973. La première grande «mondialisation» a été le vaste mouvement de colonisation de la fin du XIXe siècle. Les nations riches se sont alors disputé des colonies sur toute la terre.

Patrons: Désigne aussi bien les propriétaires des usines, des banques et des bureaux dans lesquels on travaille pour eux, que les directeurs de ces usines, de ces banques et de ces bureaux, qui sont en général leurs mercenaires très bien payés.

Pénétration du marché: Pénétrer un marché, c'est, en général, conquérir un marché déjà occupé par un ou plusieurs concurrents, souvent dans un pays étranger où ces concurrents sont bien implantés. Mais cela peut signifier également, de la part d'une entreprise privée, prendre la clientèle desservie par un service public.

Pièce: Etre payé «à la pièce», c'est être payé pour chaque unité (pièce) de ce qu'on produit: un pneu, un ballon, un pantalon, une chaise. Ce système de paiement était très répandu au Moyen Age et au XIXe siècle. Comme chaque «pièce» était mal payée, les travailleurs se tuaient à la tâche. Les ouvriers se sont battus, avec succès, pour être payés à l'heure, au jour, à la semaine ou au mois. Aujourd'hui, les patrons imposent à nouveau ce type de travail. Surtout pour les travailleurs à domicile (télétravail) qui, étant isolés, n'ont plus de syndicats pour les défendre.

Privatisation: Vente d'une entreprise publique ou d'un service public (qui appartient à l'Etat) à un ou plusieurs propriétaires privés. Les entreprises et services publics produisaient, jusqu'au milieu des années 80, la quasi-totalité des richesses nationales des pays socialistes d'Europe, souvent la moitié dans certains pays du tiers-monde et jusqu'au quart en Italie ou au cinquième en France. L'argent produit par ces ventes a permis aux Etats d'aider plus massivement leur secteur privé mis en difficulté par la guerre concurrentielle et aussi d'offrir à celui-ci des entreprises souvent très profitables, comme les compagnies de téléphone. Un service public (enseignement, trains, poste, téléphone, distribution d'énergie ou d'eau) ne peut pas faire faillite puisqu'il est garanti par l'Etat. Un service public doit souvent accomplir des missions «sociales» et son but n'est pas de faire du profit. Au contraire des entreprises privées. (Voir **Services publics**)

Productivité: Imaginons une entreprise comptant mille employés. Si, pour réduire les coûts salariaux, et donc, augmenter son profit, le patron licencie la moitié d'entre eux et décide de produire toujours autant, les employés qui restent devront travailler deux fois plus. On dit que leur «productivité» a été multipliée par deux. Souvent, les patrons maintiennent ou augmentent la productivité de leur entreprise en achetant aussi des machines ou des robots qui facilitent la production. Dans la guerre concurrentielle, presque tous les patrons essaient de réduire leur personnel et d'augmenter la productivité de celui qui subsiste. Depuis une vingtaine d'années, certaines entreprises ont multiplié leur productivité par quatre ou cinq. (Voir **Flexibilité** et **Concurrence**)

Produit national: Le Produit Intérieur Brut (PIB) d'un pays, c'est la richesse produite dans un pays en une année. Cette «richesse», exprimée en monnaie nationale, tient compte de la valeur ajoutée des services non marchands, tels que l'éducation, la défense nationale, les services de police, la justice, etc. Le Produit National Brut (PNB), c'est le PIB augmenté des revenus rapatriés par les capitaux et les travailleurs nationaux à l'étranger et diminué des revenus exportés par les travailleurs et les capitaux étrangers installés dans le pays.

Profit: En économie dite de marché ou capitaliste, faire du profit c'est vendre plus cher que les coûts de production. Si un industriel achète du minerai de fer et le fait transformer en rails par ses ouvriers, ceux-ci, par leur travail, produiront un surcroît de valeur à la marchandise minerai. Une fois payés le minerai, les salaires des ouvriers et les installations de son usine, l'argent qui lui restera de la vente des rails constituera le profit, le bénéfice de l'industriel. (Voir **Chiffre d'affaires**)

Programmes (européens): La Commission des Communautés européennes finance de nombreux «programmes» avec l'argent public qui constitue son budget. Ces «programmes», la plupart du temps, consistent à aider ou encourager des secteurs industriels à faire des recherches et mettre au point des produits pour pouvoir affronter la concurrence étrangère. Il y a également des «programmes» pour l'éducation. Le programme Erasme, par exemple, qui aide financièrement des jeunes étudiants d'université voulant faire une partie de leurs études à l'étranger. Il y a aussi des «programmes» de «lutte contre la pauvreté» ou «d'égalité des chances hommes-femmes». Plus un programme intéresse l'industrie, plus il reçoit d'argent. Certains d'entre eux sont dotés de plusieurs dizaines de milliards de francs. Mais le premier programme de lutte contre la pauvreté, qui devait aider les 53 millions de pauvres européens de l'époque (années 80) pendant deux ans, n'était doté que de 8,3 millions FF (50 millions FB). Une véritable mascarade.

Propriétaires: Ce sont les propriétaires des usines, des banques et des bureaux dans lesquels d'autres personnes travaillent pour eux et leur rapportent de l'argent pour qu'ils deviennent plus riches encore. Les propriétaires sont rarement entièrement propriétaires d'usines, de banques et de bureaux. Ils en possèdent des parts. En bourse, on appelle ces parts des «actions». Ces actions constituent leur capital. Les propriétaires sont donc les capitalistes.

Serveur: Système informatique qui offre, contre paiement ou gratuitement, l'accès à distance à des informations stockées sur ordinateur. Aujourd'hui, la plupart des serveurs sont accessibles par le réseau Internet.

Services: Le secteur des services est encore appelé le secteur tertiaire. Le secteur primaire est le secteur économique qui extrait, récolte et produit les matières premières telles que le charbon, le fer, le bois, l'eau, les produits agricoles. Le secteur secondaire est celui qui transforme ces matières premières en biens utilisables, donc vendables. Charbon et fer servent, par exemple, à faire de l'acier qui servira à son tour à fabriquer des bateaux, des locomotives, des vélos, des bêches. Le froment sera moulu en farine qui servira à faire du pain. Le secteur tertiaire, dit encore secteur des services, ce sont les banques, les assurances, le tourisme. Ce troisième secteur n'existe et ne peut fonctionner que grâce aux richesses, à l'argent, produits par les deux premiers.

Services publics: Les services publics sont, en principe, des services que l'Etat rend à la collectivité (avec l'argent de la collectivité). Ainsi, le service des transports publics doit, en principe, transporter personnes et marchandises le mieux possible et au meilleur prix possible. Les services publics ont trois obligations. Ils doivent être continus (donc ne jamais s'interrompre). Comme ils sont «garantis» par l'Etat, ils ne font jamais faillite comme peut le faire une entreprise privée. Ils doivent appliquer l'obligation d'égalité: le tarif et la qualité du service sont les mêmes pour tout le monde. Ils doivent, par exemple, desservir le village le plus reculé d'un pays en eau potable, en électricité et en téléphone. Ils doivent, enfin, s'adapter à la demande des usagers et utiliser les techniques les plus modernes possible pour y répondre. Nous avons écrit que les services publics étaient en principe au service de la collectivité. Mais il est souvent arrivé qu'ils aient été créés pour servir avant tout les intérêts des industriels avec l'argent du public. Ainsi, de nombreuses compagnies de chemins de fer ont été gérées par les Etats parce que les industriels ne voulaient pas payer pour la construction des infrastructures (gares, voies ferrées, ponts, tunnels). Mais ils en avaient besoin pour transporter leurs matières premières, leurs marchandises et leurs... travailleurs. Tout le monde payait donc pour assurer un service dont ils avaient impérativement besoin pour faire du profit.

Sous-traiter: C'est, pour un entrepreneur, travailler pour un autre entrepreneur. Par exemple, un fabricant de vitres réalise des pare-brise pour les automobiles d'un producteur de voitures. Il est sous-traitant du producteur de voitures. De plus en plus souvent, les grands industriels font sous-traiter une partie de leur production par des sous-traitants établis dans les pays à bas salaires ou même par des travailleurs à domicile. L'avantage, pour eux, c'est que cela leur coûte moins cher, souvent beaucoup moins cher, et qu'ils ont moins de travailleurs travaillant directement pour eux dans leurs usines. Donc, moins de représentation syndicale.

Technologies (de l'information): Technologies modernes (de communication de l'information). La dynamo permettant de produire de l'électricité, puis le téléphone et la radio sont, entre autres, les précurseurs des technologies modernes. Le transistor permettant de miniaturiser les appareils de radio et les ordinateurs a permis un bond gigantesque dans le développement des technologies.

Téléenseignement: Enseignement à distance. Version moderne des «cours par correspondance». Ces derniers consistent à étudier de la théorie ou de la pratique parvenue sous forme imprimée par la poste et à renvoyer à un professeur, par la même voie, les exercices à effectuer. C'est lent et il faut un grand nombre de professeurs pour répondre aux étudiants. Mais c'est en général gratuit. Le développement de l'informatique et de réseaux tels qu'Internet permet d'aller beaucoup plus vite et de remplacer le professeur par un logiciel (voir **Didacticiel**). Ce n'est pas gratuit et l'utilisation de logiciels et de lignes téléphoniques ainsi que l'achat du matériel (ordinateurs, modems et logiciels de communication) sont très onéreux. Vu le grand nombre de «clients» (étudiants) potentiels, le secteur privé, qui vend cet enseignement, compte effectuer des bénéfices considérables.

Télétravail, Travail à distance, Travail à domicile: Comme pour le téléenseignement, c'est le développement des nouvelles technologies de communication et de l'informatique qui le permet. Beaucoup de travaux peuvent être effectués «à distance». Secrétariat, comptabilité, dactylographie, réparation de systèmes informatiques, réservation de passagers ou de vacanciers, etc. Avantages pour l'employeur: il ne doit plus payer le loyer, le chauffage et l'électricité de ses employés dans l'entreprise. Il peut s'adresser à des «indépendants» qui se font concurrence sur la seule chose qu'ils ont à vendre: leur force de travail. Les salaires sont donc très bas. Ils peuvent même s'adresser à des travailleurs d'un pays où les salaires sont plus bas encore. Ces travailleurs ne peuvent plus se rencontrer, s'unir et se «coaliser» (se syndiquer) pour lui résister. Ils travaillent chez eux, «à domicile», isolés et payant eux-mêmes leur loyer, leur chauffage et leur électricité. Le patron peut leur imposer de travailler «à la pièce» (au nombre de pages dactylographiées par exemple) et augmenter sans cesse le nombre de «pièces» à faire par jour. Le travail à domicile et à la pièce a donné lieu aux pires abus et provoqué les premières grèves et révoltes ouvrières au... Moyen Age.

Trente glorieuses: On qualifie souvent les trente années qui ont suivi la Seconde Guerre mondiale de «trente glorieuses». Pourtant marquée par d'effroyables guerres coloniales (Vietnam, Algérie, Angola, Mozambique), cette période vit émerger une certaine prospérité économique dans les pays industrialisés. Généralisation de la sécurité sociale, reconstruction, croissance des salaires, extension des congés payés, nationalisation de grandes industries, production d'immenses réserves d'armement et généralisation des biens de consommation. On parla de «boom économique», de «golden sixties», de «société de consommation», «d'ère des loisirs», de «démocratisation de l'enseignement» et on crut, parce que la classe des riches l'affirmait, que le monde capitaliste était définitivement entré dans une ère de bonheur, de stabilité et d'harmonie sans limites. Mais rien n'était moins vrai. Aujourd'hui, cela fait un quart de siècle que ce système se débat dans une crise telle qu'il n'en avait jamais connue. Pour se faire une idée du rôle et de la place dévolus à l'enseignement dans ces «trente glorieuses», lire *L'école sacrifiée* de Nico Hirtt (éditions EPO, Bruxelles 1996).

Ultra-libéral: On dit aujourd'hui d'un homme, d'un parti politique, qu'il est «libéral» s'il est partisan de l'économie de marché (du capitalisme) et s'il adhère au discours politique qui soutient ce système économique. On dit aussi, aujourd'hui, qu'il y aurait des libéraux et des ultra-libéraux. En fait, les ultra-libéraux ne sont pas plus libéraux que les autres. Tout simplement, les ultra-libéraux cachent moins leurs idées que les autres. Les libéraux clament que l'économie de marché est la meilleure et la plus socialement juste qui soit. Ils cachent les ravages sociaux qu'elle provoque. Les ultra-libéraux, eux, admettent, un peu plus ouvertement, que leur but est de favoriser et défendre la caste des riches et d'abandonner les autres à leur sort. Il n'y a donc pas de différence fondamentale entre libéraux et ultra-libéraux. Comme il n'y a pas de différence entre capitalisme et capitalisme sauvage.

Villes privées: L'enrichissement des riches et l'appauvrissement des pauvres créent des tensions. Les villes, où riches et pauvres vivent ensemble, ne sont plus sûres pour les riches. Ils ont peur que les pauvres s'en prennent à leur propriété ou à leur personne. Alors ils se construisent leurs propres villes, privées, où ils sont seuls à pouvoir s'installer. De telles villes privées existent déjà dans les banlieues de Los Angeles, aux Etats-Unis, de Johannesburg, en Afrique du Sud, de Rio de Janeiro, au Brésil et de Lagos, au Nigeria. Ces villes sont entourées d'enceintes barbelées et gardées par des polices privées. Ne peuvent y pénétrer que les habitants munis d'une carte d'identification et leurs hôtes munis d'une invitation en bonne et due forme.[48]

Voix autorisées ou **«experts»:** On dit, on fait croire, que ceux qui ont été à l'université détiennent la connaissance et la sagesse que les autres n'ont pas.

C'est vrai et faux. D'autant plus faux que ceux qui vont à l'université sont soumis plus longtemps que les autres à l'endoctrinement de la classe des riches (qui est généralement proche des professeurs ou des dirigeants des universités) dont eux-mêmes sont souvent issus. On leur serine que l'économie de marché est la meilleure, la seule possible, et qu'en dehors d'elle il n'y a rien que bureaucratie et étouffement des «libertés». Ils finissent par y croire profondément. Donc, quand ils sortent de l'université, ils défendent bec et ongles ce système. Comme ils ont fait des études universitaires, ils sont qualifiés d'«experts». Et ce sont eux auxquels font appel les médias pour donner un avis sur un événement. Ce sont alors des «voix autorisées». Ces voix, en fait, ne sont autorisées que par les riches. Les autres sont pratiquement interdites.

Notes

1. Les prisons aux Etats-Unis et en Grande-Bretagne, la perception des impôts locaux dans certaines municipalités britanniques. Ce qui est un brutal retour aux fermiers généraux des rois de France!
2. L'ERT, fondée en 1983, regroupe quarante sept des plus importants dirigeants industriels européens. Parmi eux: Jérôme Monod (Suez Lyonnaise des Eaux), Louis Schweitzer (Renault), Alain Joly (Air Liquide), Jean-René Fourtou (Rhône-Poulenc), Jan-Louis Beffa (Saint-Gobin), Etienne Davignon (Société Générale de Belgique), François Cornélis (Petrofina), Carlo De Benedetti (Cofide - Cir), Mark Wössner (Bertelsmann). Adresse: 113, avenue Henri Jaspar, 1060 Bruxelles - Belgique. Tél 32 2 534 31 00. Internet: Http://www.ert.be.
   Pour une histoire de l'ERT et ses méthodes, voir: Gérard de Sélys, *Privé de public, à qui profitent les privatisations*, EPO, Bruxelles, 1996; Europe, Inc, *Dangerous liaisons between EU institutions and Industry*, CEO, Amsterdam, May 1997 (tel: 31-30-2364422; email: ceo@xs4all.nl).
3. Olivetti, Philips, Siemens, ICI, Ericsson, General Electric Company, Bertelsmann (didacticiels), British Telecom, Telefonica.
4 *L'Education et la formation à distance*, Sec(90) 479, 7 mars 1990.
5. *Rapport sur l'enseignement supérieur ouvert et à distance dans la Communauté européenne*, Sec(91) 388 final, 24 mai 1991.
6. *Mémorandum sur l'apprentissage ouvert et à distance dans la Communauté européenne*, Com(91) 388 final, 12 novembre 1991.
7. *L'Europe et la société de l'information planétaire*, CD-84-94-290-FR-C, 26 mai 1994.
8. *Construire les autoroutes de l'information, Pour repenser l'Europe, Un message des utilisateurs industriels*, ERT, juin 1994.
9. *Leonardo da Vinci, Programme d'action pour la mise en oeuvre d'une politique de formation professionnelle de la Communauté européenne, 1995-1999*, Office des Publications Officielles des Communautés européennes, Luxembourg, ISBN 92-827-6613-b. Voir aussi *Journal Officiel* JO L 340 du 29 décembre 1994, p.8.
10. *Une éducation européenne - Vers une société qui apprend, Un rapport de la Table Ronde des Industriels Européens*, ERT, février 1995.
11. *Livre blanc sur l'éducation et la formation. Enseigner et apprendre, vers la société cognitive.* COM(95) 590 Final. C'est Madame Edith

Cresson, ex-Premier ministre socialiste français, qui est alors Commissaire européen en charge de l'éducation.

12. *Journal Officiel des Communautés européennes*: JO L 87 du 20/4/95.
13. IP/96/103 du 31 janvier 1996.
14. *Note d'information sur les résultats des projets pilotes européens pour l'évaluation de la qualité dans l'enseignement supérieur*, Rapport réalisé par la DG XXII «Education, Formation et Jeunesse», 1996.
15. *Adult Learning and Technology in OECD Countries, OECD Proceedings*, OECD 1996, ISBN 92-64-15320-9.
16. Le rapport donne plusieurs exemples des avantages du téléenseignement dans le secteur industriel. «*Robert Bosch GmbH emploie 95.000 employés sur 50 sites en Allemagne et 150.000 employés sur 170 sites dans le monde. En 1994 les dépenses de Bosch pour la formation de son seul personnel allemand ont été de 265 millions de DM (880 millions FF). Bosch a estimé que ces coûts étaient trop élevés et qu'il fallait que le personnel se forme à domicile, sur des PC personnels ("comme il utilise son véhicule personnel pour se rendre à son travail").*» En 1996, 20% du personnel s'auto-formait déjà à domicile pendant ses «loisirs». En Suisse, «*d'avril 1992 à avril 1993 plus de 2 millions de personnes âgées de 20 à 74 ans ont participé d'une manière ou d'une autre à une formation professionnelle pour un total de 200 millions d'heures. 17% d'entre elles l'ont fait en dehors de leurs heures de travail. De plus, ce type d'enseignement (à distance) permet le "Just-in-time learning" et dispense mieux la "culture d'entreprise" (corporate culture). Utilisent déjà la formation à distance, à domicile et en dehors des heures de travail: Nestlé, Migros (chaîne de distribution), UBS (Union des Banques Suisses) et Digital Suisse. En Grande-Bretagne, le projet TILT (Teaching with independent learning technologies), doté d'un budget de 8,9 milliards de FF (53.4 milliards de FB), a pour but d'«entraîner les étudiants à apprendre seuls, de développer des logiciels d'enseignement et d'adapter de nouvelles méthodes d'évaluation»*.
17. *Internationalisation of Higher Education, OECD Documents*, OECD 1996, ISBN 92-64-15288-1.
18. *L'enseignement à distance dans le droit économique et le droit de la consommation du marché intérieur.* Office des Publications Officielles des Communautés européennes. Luxembourg 1996. ISBN 92-827-5951.

    Extraits choisis de ce document: «*Le domaine de la culture est souvent considéré comme relevant du principe de la compétence des Etats membres. Le traité CEE, tel que modifié par le traité de Maastricht sur l'Union européenne, prévoit toutefois aussi, à l'article 3 point), 126, 127 et 128, une action de la Communauté dans le domaine de l'éducation et de la culture. Cette disposition limite donc les compétences nationales. Le développement de l'éducation à distance est explicitement cité comme l'un des objectifs de l'action de la Communauté à l'article 126, paragraphe 2, alinéa 6. (...) Certaines actions communautaires dans le domaine de l'enseignement à distance peuvent se fonder sur des compétences d'ordre général conférées à la Communauté, telles que celle d'harmoniser les législations lorsque l'objectif est d'assurer l'établissement du marché intérieur, conformément à l'article 100A du traité* CEE. *Si un marché ouvert de l'éducation représente un des maillons du marché intérieur, les mesures d'harmonisation des législations des Etats membres nécessaires à son établissement et à son fonctionnement entrent également dans le champ des compétences de la Communauté relatives au marché intérieur. L'enseignement privé à distance est un service.*» Or, «*La libre prestation de services est garantie à l'article 59 et suivants du traité* CEE *et constitue une des libertés fondamentales du marché commun. (...) Il est donc possible de la faire valoir directement contre les restrictions imposées par les Etats membres.*»

19. *Journal Officiel*, JO 96/C 60/10 du 29 février 1996.
20. Sans date ni référence.
21. IP/96/319, 17 avril 1996.
22. *Compte-rendu du Conseil éducation du 6 mai 1996* (680:96 (Presse 122-G).
23. *Les technologies de l'information et l'avenir de l'enseignement post-secondaire, Documents OCDE*, Paris 1996, ISBN 92-64-24923-0.
24. *Gérer les stratégies de l'information dans l'enseignement supérieur, Documents OCDE*, Paris 1996, ISBN 92-64-25309-2.
25. Ni date, ni référence.
26. Communiqué du Conseil d'Administration de l'UCL, 16 juillet 1997: «*Monsieur Jean-Jacques Viseur présidera le Conseil durant un an, du 16 juillet 1997 au 31 août 1998; Monsieur François Cornélis lui succédera le 1er septembre 1998.*»
27. *Investir dans la connaissance - L'intégration de la technologie dans l'éducation européenne*, ERT Bruxelles, février 1997.
28. *Les Echos*, 21 février 1995.
29. Daniel Vander Gucht, *Les investissements éducatifs des familles en Communauté française*, Université Libre de Bruxelles, Institut de Sociologie, Centre de sociologie générale et de méthodologie, mars 1997.

30. *Regards sur l'éducation, Les indicateurs de l'OCDE,* Paris, 1997, ISBN 92-64-25622-9.
31. *Analyse des politiques éducatives 1997*, OCDE, Paris, novembre 1997, ISBN 92-64-25682-2.
32. *Le Soir*, 8 décembre 1997, p.3.
33. *Les Echos*, mardi 3 février 1998, p.3.
34. *Les tables rondes d'Hellena, Radio Hellena*, jeudi 5/2/98.
35. Allemagne, Australie, Autriche, Belgique, Canada, Corée du Sud, Danemark, Espagne, Etats-Unis, Finlande, France, Grèce, Hongrie, Irlande, Islande, Italie, Japon, Luxembourg, Mexique, Norvège, Nouvelle-Zélande, Pays-Bas, Pologne, Portugal, République Tchèque, Royaume-Uni, Suède, Suisse, Turquie.
36. *Les chiffres de l'éducation dans l'Union européenne*, Office des Publications Officielles des Communautés européennes, Bruxelles-Luxembourg 1996.
37. Cité par Georges Snyders dans *Ecole, classe et lutte des classes*, Presses Universitaires de France, Paris 1982. Louis Adolphe Thiers, alors chef du pouvoir exécutif de la République Française, avait écrasé la Commune de Paris, en mai 1871, dans un véritable bain de sang.
38. *L'Etat de l'Ecole 1997*, Paris, 1997.
39. *Education et compétence en Europe*, ERT, 1989, p.4.
40. *Alternatives Economiques*, 1 septembre 1993.
41. Legrand L., *Les politiques de l'Education*, P.U.F., Collection «Que Sais-je?», Paris 1998, pp.93-94.
42. Timothy M. Smeeding, *Financial poverty in developed countries: the evidence from Luxemburg Income Study. Final Report to the UNDP, LIS Working Paper* No. 155, April 1997.
43. *Forbes 400 Richest people in America* (http://www.forbes.com). The State of the World's Children 1996, Statistical tables.
44. *Food and Agriculture Organisation of the UN, Food Summit Fact Sheets*, http://www.un.org.
45. *ERT, Education et Compétence en Europe*, 1989, p.31.
46. OCDE, *Regards sur l'éducation, Les indicateurs de l'OCDE,* 1995.
47. Victor Hugo, *Rêverie d'un passant, Les feuilles d'automne*, Ed. Gallimard, Paris 1966.
48. Voir Robert Lopez, «Hautes murailles pour villes de riches», *Le Monde Diplomatique*, Mars 1996.
49. Christian Morrisson, «La faisabilité politique de l'ajustement», Centre de Dévéloppement de lOCDE, *Cahier de Politique Economique n° 13*, OCDE 1996.

50. http://www.Profor.be
http://www.restode.cfwb.be/
51. http://www.ipm.ucl.ac.be/Learnet
52. http://www.ulg.ac.be/labset/
53. (http://www.canarie.ca)
54. *Le Monde de l'éducation*, mai 1998.
55. *Le Soir* du 30 juillet 1998.
56. http://www.edugate.org
57. Signé Emmanuel.viau@europe.cendantsoft.com
58. http://www.edu.francetelecom.fr
59. http://thot.cursus.edu/index.asp
60. OCDE, novembre 1998, page 25.
61. http://www.ina.fr
62. Thot Cursus, 1 novembre 1999.
63. Idem, 23 novembre 1999.
64. Idem, 4 décembre 1999.
65. Idem, 7 décembre 1999.
66. http://www.gottliebpearson.ca/ie/expertise.html
67. http://www.wto.org/english/tratop_e/serv_e/education_e/education_e.htm
68. http://www.wto.org/english/tratop_e/serv_e/education_e/education_e.htm
69. Learning: Penser l'éducation de demain, (SEC52001)236, Bruxelles, le 21 février 2002.
http://europa.eu.int/comm/education/elearning/indexfr.htm.

Nico Hirtt

Les nouveaux maîtres de l'Ecole

L'enseignement européen sous la coupe des marchés

EPO

Isbn 2 87262 160 1
Paperback 12,5 x 20 cm
2000 - 159 pages
Website: www.epo.be

Nico Hirtt

L'école sacrifiée

EPO

La démocratisation de l'enseignement à l'épreuve de la crise du capitalisme

Isbn 2 87262 113 X
Paperback 15 x 22,5 cm
1996 - 295 pages
Website: www.epo.be

Isbn 2 87262 106 7
Paperback 15 x 22,5 cm
1995 - 208 pages
Website: www.epo.be